U0145025

教育領導新視角

微觀、中觀與鉅觀

蔡進雄　著

五南圖書出版公司 印行

自　序

　　本書《教育領導新視角：微觀、中觀與鉅觀》是筆者的第十二本教育專著，筆者回顧個人過去的學術研究及著作發表，大多聚焦於教育領導及校長領導研究範疇，本書就是建立在筆者長期致力於教育領導研究的基礎上，將視野擴大兼顧於微觀、中觀及鉅觀。筆者認為唯有將教育領導或校長領導探究從微觀、中觀拓展至鉅觀，才能全貌清楚地洞析教育領導之廬山真面目。

　　教育領導是國家教育進步的關鍵驅動因子，教育領導人及學校校長必須兼具微觀、中觀及鉅觀的新視角，才能更為全面地關照並引領學校教育的發展，是以本書即在從微觀、中觀及鉅觀新視角探究教育領導。

　　本書包含微觀篇——個人層次、中觀篇——組織層次及鉅觀篇——外部層次等三大篇。在微觀篇——個人層次，本書闡述校長自我效能感及校長韌性。在中觀篇——組織層次，探討範圍包含學校改進、學校經營新模式、校長教練式領導、負向領導及教師領導等面向。最後在鉅觀篇——外部層次，則闡明學校治理、結構化理論及校長的牌局。

　　在教育界及學術研究領域裡，每個人回饋給教育、給社會的方式管道各有所不同。筆者透過出版專書與分享，冀望對於教育領導及校長領導研究這塊園地能有些貢獻，並由衷感謝您的翻書閱讀及參考。整體而言，本書能從全貌及新視野闡述教育領導的微觀、中觀與鉅觀，且能引入教育領導的創新思維，希望讀者能從本書獲得啟發。

　　一切都是恩典，一切都是上天美好的恩賜。感謝眾多師長及好友的指導與提攜，感謝國家教育研究院提供的研究環境，感謝內人黃惠鈴老師的支持與鼓勵，感謝父母的養育大恩，所以我要將這本書獻給一輩子辛勞耕種的親愛父母。感謝五南圖書黃文瓊副總編輯的大力促成，以及李敏華編輯的用心

且細心校稿。感謝老天對我的厚愛。本人才疏學淺，書中闕漏之處恐難避免，尚請教育先進不吝指正。

末學 **蔡進雄** 謹識

民國 113 年 1 月

導　論

本書的架構說明

　　本書書名爲《教育領導新視角：微觀、中觀與鉅觀》，共計三大篇十章，第一篇是微觀篇——個人層次，第二篇是中觀篇——組織層次，第三篇是鉅觀篇——外部層次，本書的研究組織架構如圖 1 所示並闡述如下：

第一篇　微觀篇——個人層次

　　本篇所探究範疇包含第一章「校長自我效能感之模式建構與提升策略」，以及第二章「愈挫愈勇：國民中小學校長韌性之建構與發展」。本研究將校長自我效能感及校長韌性列爲校長個人層次所必備的重要特質及條件，此乃新世紀的校長應有自我效能感及愈挫愈勇的韌性，以此爲底氣，才能面對多變的教育環境及各教育利害關係人對教育領導人的高期待。

第二篇　中觀篇——組織層次

　　本篇所探究範疇包含第三章「從學校效能到學校改進之探析：兼論無靈魂的評鑑」、第四章「學校經營的新模式探析：守破離及教育領導的三條路線」、第五章「中小學校長教練式領導理論與實務演練：從師傅到教練」、第六章「國民中小學學務主任對校長負向領導知覺與正負向互動情緒及校長滿意度之研究」、第七章「教師領導三層次的論述建構與省思」。

　　相對於微觀之個人層次，本書中觀之組織層次所探討的主題主要聚焦學校內部之經營與領導，包含學校改進、學校經營的新模式、校長教練式領導、校長負向領導、教師領導三層次等。值得一提的是，過去教育領導的研究大都探究正面正向的領導，本書特別從另一相反面向研究校長負向領導，結果發現校長負向領導不利於領導效果，由此更顯示，教育領導宜走正道，避免採取負向領導及不當督導。

第三篇　鉅觀篇——外部層次

本篇鉅觀篇之外部層次所探究的範疇包含第八章「學校治理的應用與評析」、第九章「從Giddens的結構化理論看教育現場的變革動能：『命』與『運』的交織」、第十章「校長的牌局：談規則、技術與資本」。

教育領導所關注的面向，除了個人自我效能感及韌性的培養，以及學校內部經營領導外，教育領導人及學校校長更要能洞見結構環境，否則易陷於「人在廬山，不知廬山眞面目」之視角侷限，且學校是開放系統更需與外部結構環境互動，故本書鉅觀之外部層次探討學校治理、結構化理論與變革動能、校長的牌局。而對於鉅觀篇——外部層次之探析，可彌補微觀篇——個人層次及中觀篇——組織層次之不足，讓教育領導人之視野更爲寬廣周全並有助於提升領導智慧。

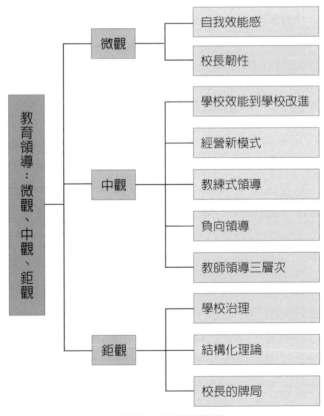

本書研究組織架構圖

目　錄

第一篇

微觀篇

——個人層次

第一章
校長自我效能感之模式建構及其提升策略

壹、前言

　　自我效能感（self-efficacy）是指個體相信自己足以肩負此一任務。愈有自我效能感的員工，愈確認自己有能力完成任務。所以，在面臨困難的時候，自我效能不足的人較有可能停滯不前或乾脆放棄；而高度自我效能的人，則會想辦法克服困難（李青芬、李雅婷、趙慕芬譯，2002）。自我效能感是個人覺得自己是否有能力做好一件工作的整體判斷。例如一位數學教師認為他有辦法把高三學生的微積分課程教好，這樣的信念便是對自我效能感的判斷。同樣地，具有高度自我效能感的校長可能就會認為他們對於學生的學習成就可以具有正面的影響力，或者是他們會在學校中特別強調學術性的學習（林明地等譯，2003；Hoy & Miskel, 2001）。

　　國內外有關自我效能感的教育研究大都以教師為研究對象（王受榮，1992；王湘栗，1997；江展塏，1995；朱陳翰思，2002；林明灯，2002；周惠民，1999；洪靖惠，2000；洪嘉鴻，2003；張世慧，1999；郭明德，1999；廖吳勇，1999；孫志麟，1994；謝琇玲，2002；謝寶梅，1995；魏方亭，2001；Cakiroglu & Boone, 2002；

Gibson & Dembo, 1984; Mullholland & Wallace, 2001; Ross, 1994），對於中小學校長自我效能感的探討就略顯不足，在國外有數篇研究探討校長的自我效能感（DeMoulin, 1992; Dimmock & Hattie, 1996; Imants & DeBrabander, 1996; Lyon & Murphy, 1994; Osterman & Sullivan, 1996; Painter, 2000; Wang & Ertmer, 2003），研究結果發現校長的自我效能感會影響校長權力的使用（Lyon & Murphy, 1994），也會影響校長對教師評鑑的認知（Painter, 2000），以及對組織內容及問題解決過程的詮釋（Osterman & Sullivan, 1996），至於國內則無校長自我效能感這方面的文獻與研究。職此之故，對於校長自我效能感的探究有其必要性及價值性。

基於上述，本文嘗試以 Bandura 的自我效能及教師自我效能感理論為依據，歸納及建構校長自我效能感之意義與模式，並提出增進校長自我效能感的有效策略，以供學校校長及教育相關人員的參考。

貳、校長自我效能感的意涵

一、校長自我效能感的意涵

Bandura 以自我效能感（self-efficacy）取代自我概念，來預測個體的行為。所謂自我效能，乃個人相信他置身於某種特定情境下，能實行或完成特定行為或任務的能力知覺或判斷。這種能力知覺可能影響了個體所付出的努力、持續時間、動機等（蔡文玲，1993；Bandura, 1982）。換言之，依 Bandura 的觀點，自我效能感是個人對他自己是否有能力來完成某項特定任務的一種判斷（Bandura, 1986）。Jones、George 與 Hill 將自我效能感定義為一個人對自己成功執行某項行為的信念，Jones 等人進一步指出即使有誘人的成果及

增強措施，如果人們不相信自己的能力時，也不會奮勇向前，全力以赴（宋玲蘭、林溥鈞譯，2001）。Makin、Cooper 與 Cox 認為自我效能感的本質是一種自我信任（王新超譯，2002）。Yukl（2002）指出自我效能感是人們對於能夠有效地完成一件事，具有高度的信心。有趣的是，具有相同的技能而自我效能信念卻不一樣的兩個人，他們的工作表現並不一致（Gist & Mitchell, 1992）。綜言之，自我效能感是個人對於完成某件事的主觀評估，是對於是否能成功完成某件事或任務的一種信念與判斷，而擁有高度自我效能感者通常會有較佳的表現。

自我效能理論也常被引用在教師自我效能感的探討上，教師自我效能感是教師在一個特定的情境中，他自己認為本身是否具有潛能來組織和執行一連串的行動，以便成功的完成某一個特定的教學工作，這樣的信念就是教師自我效能感（林明地等譯，2003；Hoy & Miskle, 2001）。

從以上各家對自我效能感及教師自我效能感的觀點，吾人可以將校長自我效能感（principals' self-efficacy）定義為：校長知覺自己是否有潛能或能力把學校辦好的一種整體判斷或信念。進一步而言，校長自我效能感是校長對自己的知覺，此一知覺是對自己是否能把學校經營好的心理感受與判斷，如果校長對自己領導一所學校有信心，則自我效能感就會增加，反之亦然。

此外，自我效能感可分為屬於特定情境或特殊目標的特殊性自我效能（specific self-efficacy）及一般性自我效能（蔡文玲，1993），前者是判斷自己執行某項行為的能力，後者是個人綜合性的自覺能力（黃毓華、鄭英耀，1996），而本文所定義的校長自我效能感是較屬於特殊性的自我效能感，指的是校長對學校經營領導能力的自我判斷。

二、校長自我效能感與校長效能的差別

校長自我效能感（principals' self-efficacy）和校長效能（principal effectiveness）這兩個名詞是容易令人混淆的，尤其翻譯成中文後又頗為類似。因此，對於這兩個概念有必要加以釐清。

孫志麟（1995）認為教師自我效能感（teacher efficacy）與教師效能（teacher effectiveness）均屬於理論上的一種構念，但兩者指涉的角度不同，其表現方式及範圍亦有所差異。教師自我效能感意指教師對教學能力的一種知覺或信念，它是一種認知機制，並不涉及行為的部分，而教師效能與「有效教學」具有同樣的意義，是教師在教學工作中，能使學生在學習上或行為上具有優良的表現，以達到特定的教育目標（吳清山，1992）。

依上述區分教師自我效能感與教師效能的觀點來看，我們可以將校長自我效能感與校長效能作以下的區別：所謂校長自我效能感是校長對其辦學能力的一種整體判斷與主觀知覺，是一種心理歷程而不是外顯行為，而依鄭彩鳳（2001：165）的看法，校長效能是指校長具有某種特質，並能有效發揮職位角色，進而提升學校效能之表現。校長效能常以指標來表示，校長效能的指標有領導管理、個人能力、家長社區與成員表現等。

總而言之，校長自我效能感與校長效能在定義或是內涵上均有所不同，前者是校長對自己是否有能力辦好所學校的主觀判斷與信念，而後者是指校長具有提升學校效能的某種特質與能力，而本文所探討的重點主要是校長的自我效能感。

參、自我效能感的發展與影響

一、自我效能感的發展

個人自我效能感的發展源自於許多不同的因素，包括過去表現得到的回饋、個人生活經驗史以及社會的影響（林明地等譯，2003；Hoy & Miskel, 2001）。不過，一般而言，自我效能感的發展主要是受到經驗、楷模學習、語言的說服與身體狀況等四個因素的影響（林明地等譯，2003；Bandura, 1986; Bandura, 1997; Hoy & Miskel, 2001）：

(一) 經驗

成功的經驗易使個人對效能的判斷提高，而反覆的失敗則使判斷降低。然而對效能很強的人來說，偶爾的失敗對其判斷幾無影響；失敗對不確信自己能力的人則影響很大（吳幸宜譯，1994）。

質言之，過去工作表現的成就和失敗對於個人的自我效能會有重大的影響，連續不斷的成功會提升個人的自我效能感，常常失敗也會使個人對自己開始產生懷疑，並且降低個人的自我效能感（林明地譯，2003；Hoy & Miskel, 2001）。

(二) 楷模學習

除了個人經驗之外，看到跟自己類似的人表現成功亦會提高個人對效能的評價；當我們對該情況幾無直接經驗時，這類替代性經驗的影響尤鉅（吳幸宜譯，1994）。一個人能從觀察別人的行為表現中獲得激勵作用，因此也會起而模仿類似的行為（宋玲蘭、林溥鈞譯，2001）。

Bandura 認爲楷模學習可以產生三種效果（吳武典，1971；莊秀貞，1984）：(1) 使個人學習到一種前所未有的新行爲；(2) 使個人已有的行爲得以加強或改變；(3) 使個人原有但潛伏不顯的行爲表現出來。

總之，觀察類似的同儕或他人在某一任務上的成功，也能增進自我的效能期望（許永熹，2002；Bandura, 1982）。

（三）語言的說服

當我們要讓一個人相信他有潛能可以做好他所想要完成的工作時，語言的說服是一個經常被使用的方式（林明地譯，2003；Hoy & Miskel, 2001）。

相關或重要他人的語言說服或告示可增加效能的期望。語言說服因最容易提供，常較易獲得，故是最普遍的效能感來源（許永熹，2002；Bandura, 1982）。透過語言的說服來暫時的提升個人自我效能感，而且受到誇讚的個人也的確很努力的想要成功，在這種情形下，語言的說服可以提升個人技能發展及自我效能感（林明地譯，2003；Hoy & Miskel, 2001）。

（四）身體狀況

人們根據他們的身體狀況來判斷他們自己的潛能，個人會根據他自己的一些身心反應來判斷自己的工作表現，例如對某一個工作很想去嘗試看看、很熱切的期盼著、想到就興奮，這些都是正面的身心反應；如果會害怕、疲倦、有壓力感、感到焦慮，這些就是負面的反應（林明地譯，2003；Hoy & Miskel, 2001）。

總之，自我效能感的發展並不是單一因素所形成的，而是受到個人經驗、楷模學習、語言的說服及個人生理狀況等主客觀因素與條件所形塑而來的。

二、自我效能感的影響

　　知覺到的自我效能感會影響與工作有關的行為，而且也會產生長期效應。表 1-1 列舉了自我效能高與自我效能低在行為表現、壓力水準、持久性和目標設定上的差異比較（吳幸宜譯，1994）。從表 1-1 可以得知，高自我效能者在面對困難時會更加努力，會追求具有挑戰性的目標；而低自我效能者隨時注意自己的缺陷與困難，並將問題誇大，個體亦常為焦慮及壓力所苦，也較不願意面對挑戰。

表 1-1
自我效能高與自我效能低之影響對照

	自我效能高者	自我效能低者
與作業有關的行為	1. 面臨困難時更加努力 2. 遇到困難時已習得的技能更為強化 3. 集中努力和注意力於情境的要求	1. 洩氣 2. 遇到困難時，可能會完全放棄作業 3. 注意到個人的缺陷和難處；且將這些問題誇大
長期效應	1. 參與各種活動與經歷而促進自我成長 2. 在有負擔的情境裡，個體不覺得有壓力 3. 失敗的原因通常是不努力而不是沒有能力 4. 追求有挑戰性、個人有興趣且投入的目標	1. 逃避豐富的環境與活動，從而阻礙了發展 2. 在各種表現的情境裡，個體為焦慮和壓力所苦 3. 把注意力放在自己的缺陷上，因而損及個人技能的有效運用 4. 追求較小的願望成為躲避壓力的轉機

資料來源：吳幸宜譯，1994：372。

三、校長自我效能感的發展與影響

　　從以上所述，吾人可以引申推論：校長自我效能感的發展會受到個人過去領導學校的成功與失敗經驗的影響，如果有較多成功的學校

領導經驗則校長自我效能感會相對提升，但若經常感受到挫折或失敗經驗，則自我效能感會降低。其次，如果校長有一些楷模對象可以學習，亦會產生「有為者亦若是」的知覺，進而增進他的自我效能感。再者，他人的語言回饋及讚揚亦會影響校長的自我效能感，而在面對辦學的壓力或挑戰時，校長的身體反應狀況亦是判斷校長是否具有高度自我效能感的因素。

在校長自我效能感的影響方面，依 Bandura 的自我效能感理論來看，我們可以推論：具有高度自我效能感的校長，其辦學表現應該會比低自我效能感者之表現為優。

肆、校長自我效能感模式之建構

由於校長自我效能感的文獻不多，筆者就綜合 Gist 與 Mitchell（1992）的自我效能感與工作表現模式，Tschannen-Moran、Hoy 與 Hoy（1998）及 Hoy 與 Miskel（2001）的教師自我效能感模式，並參酌自我效能感的相關理論和研究，建構出校長自我效能感模式圖。

如圖 1-1 所示，個人的成敗經驗、楷模學習、語言說服及身體狀況等會影響校長對辦學能力評估的認知，進而產生自我效能感。校長自我效能感低者，對於學校經營領導上會退縮、放棄、找理由；校長自我效能感高者，會有積極正面的態度，能堅持且不斷努力以達成目標。不論是低校長自我效能感或是高校長自我效能感，最後都會影響其工作表現與辦學績效，而這些訊息會回饋再影響自我效能感的認知與判斷。

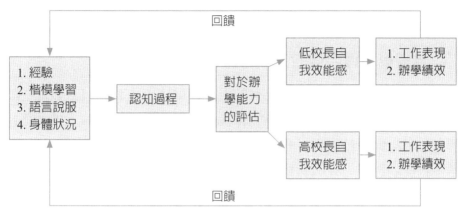

圖 1-1 校長自我效能感模式

伍、提升校長自我效能感的有效策略

自我效能感理論認為當在下列情形出現時，人們會努力工作：(1) 相信自己有潛能可以達到成功；(2) 相信這個工作並不困難；(3) 在過去負責類似的工作有成功的經驗；(4) 有好的成功楷模（Hoy & Miskel, 2001）。基於這些觀點，並參酌自我效能感之相關理論，以下就從增進教育專業能力、培養樂觀與自信的人格特質、創造成功的領導經驗、秉持「智力增長」的信念、進行楷模學習與標竿學習、善用正面的自我交談及心理意象等六方面闡述如何提升校長的自我效能感。

一、增進教育專業能力

自我效能感是個人對於自己是否有能力來完成某件事的一種知覺，所以為了提升校長自我效能感，校長首先應加強自己的教育領導專業能力，尤其時代環境變遷快速，校長應具有足以面對新世紀挑戰的教育專業知能，故持續不斷的進修與終身學習以增進辦學能力是提

升校長自我效能感最直接的方式。

二、培養樂觀與自信的人格特質

　　樂觀與自信不僅是校長應有的重要人格特質，也是自我效能感的重要內涵。有高度自我效能感的校長是充滿自信且樂觀的，他始終相信自己可以把學校辦好，也相信經由他的努力可以對學生及教師產生積極正面的影響力。有自信心及樂觀的校長也會用正面的態度看待事情的光明面，而無形中會將這些正面的情緒感染給周遭的師生。總之，培養自信與樂觀的人格特質是提升校長自我效能感的重要功課。

三、創造成功的領導經驗

　　依 Bandura 的自我效能感理論，吾人可知「成功會帶來成功，而過多的失敗會帶來失敗」，因此校長應為自己在經營領導學校上創造成功的經驗。當然校長領導效能是否彰顯，並不容易評量，學校效能是否達成也不像企業組織可以有明確而具體的指標，但校長還是可以透過校務評鑑、校長評鑑，或家長、教師及學生的回饋得知。如果所得到的是正面回饋居多，不妨也給自己一些獎勵，適度歸因於自己的努力；如果是負面的居多，則要反省並調整自己的領導風格與辦學方向。

四、秉持「智力增長」的信念

　　Dweck 於 1986 年提出「內在智慧理論」（implicit theories of intelligence），認為基本上一般對能力有兩種概念（林生傳，1994；許永熹，2002）：(1) 實體觀（entity view）：認為智力是內在、固定的、不能控制或改變；(2) 增長觀（incremental view）：認為智力是內在、不穩定的，是知識、技能不斷拓展累積的結果，經由努力、工作、研究、練習等都能有助於智力的增長。

　　持增長觀者，在追求成功上慣於設定目標，尋求能增進知能的工作情境，認為失敗並非被擊倒，而須加倍努力，面對困難時較具克服傾向，願接受挑戰及堅持到底（許永熹，2002）。職此之故，校長應秉持智力是會成長而不是固定不變的智力增長之信念。

五、進行楷模學習與標竿學習

　　楷模學習可以促進個人的自我效能感，因此校長常觀摩辦學績優的學校，可以產生見賢思齊之效，進而提升校長自我效能感，而主動請教或學習資深優良校長之長處亦是可行之道。另外，標竿學習是以「學習」來達成「截人之長，補己之短」的理想（孫本初、陳衍宏，2001），故標竿學習對於校長自我效能感的提升亦有其正面的意義，值得採用參考。

　　此外，值得注意的是，一般而言，人們模仿的對象如果能力愈高、是某方面的專家、身分地位愈高、獲得的薪酬和福利愈高，以及親切、友善者，其所獲得的激勵作用也愈大（宋玲蘭、林溥鈞譯，2001）。

　　總之，校長在尋求學習典範與對象時，應選擇足以成為「標竿」及才德兼備的卓越校長為對象，才能提升校長的自我效能感。

六、善用正面的自我交談及心理意象

　　自我交談（self-talk）及心理意象（mental imagery）有助於建立自我效能感（王新超譯，2002），校長可以善加利用這兩種自我管理策略。

　　自我交談是透過影響我們的「情緒狀況」而發揮它的作用，並因此而影響到思維模式，再進一步影響到績效。自我效能影響行為的另一可能機制是透過自我交談影響及改變人們的自我效能感（王新超譯，2002）。正面的自我交談是一種有效的認知策略，強調積極

樂觀的想法，而避免負面消極的念頭（Yukl, 2002）。研究指出，認為可以把工作做好的人比認為會失敗的人，其工作表現較佳（Gist & Mitchell, 1992）。因此，校長應透過自我交談不斷自我勉勵並強化正面的想法，以提升自我效能感。

心理意象這一技術近年來已被應用到組織心理學的理論中。這一技術長期以來是由「通俗」心理學家所提倡，像 Peale 在他的《積極思維的力量》（*The power of positive thinking*）一書就提出過，雖然此一技術缺乏理論基礎，但認知心理學和臨床心理學的發展為其提供理論上和實踐上的支持（王新超譯，2002）。透過反覆對成功進行想像，一個人的成功機率就會提高。從其本身來說，這是自信心和自我效能的效果，這就使成功的可能增加了，從而對自我效能感產生正面的影響，且形成一種良性循環（王新超譯，2002）。為提升校長自我效能感，校長可以善加利用此一技術，平時多想像辦學成功的景象，或對未來的學校願景進行想像，如此不僅有自我暗示的正面心理作用，亦可有效的提高校長自我效能感。

陸、結語

依本文的文獻，吾人可以得知校長自我效能感是影響校長辦學績效的重要因素，因為擁有高度自我效能感的校長會積極面對教育問題與改革，永不放棄且樂於接受挑戰；而低自我效能感的校長會過度誇大教育的困難之處，且不願意接受具有挑戰性的任務或工作。質言之，校長自我效能感是屬於個人層面的心理認知，而最後會影響學校團體的表現。

「有怎樣的校長，就有怎樣的學校」是教育界普遍認可的一句話，是故校長是影響學校發展的重要靈魂人物，因此校長自我效能感

的探究有其必要性與價值性。國外已有研究者針對校長自我效能感進行探討，但國內迄今並無校長自我效能感的研究或文獻，因此本文依自我效能感的相關理論與研究，歸納出校長自我效能感的意義為：校長知覺自己是否有潛能或能力把學校辦好的一種整體判斷，並建構出校長自我效能感的模式，從模式中闡明校長自我效能感的前因與影響結果，最後本文從增進教育專業能力、培養樂觀自信的人格特質、創造成功的領導經驗、秉持「智力增長」的信念、進行楷模學習或標竿學習、善用正面的自我交談及心理意象等方面論述增進校長自我效能感的有效策略，以作為校長及教育相關人員的參考。筆者也期望藉由本文能產生拋磚引玉之效，引起更多教育研究者投入校長自我效能感的探討與研究。

參考文獻

中文文獻

王受榮（1992）。**我國國民中小學教師效能感及其影響因素之研究**。國立臺灣師範大學教育研究所博士論文，未出版，臺北市。

王湘栗（1997）。**國民小學教師關注與教師效能感之研究**。臺北市立師範學院國民教育研究所碩士論文，未出版，臺北市。

王新超譯（2002）。**組織和心理契約**。P. Makin, C. Cooper, & C. Cox 原著。臺北市：五南。

朱陳翰思（2002）。**國民小學教師自我效能感與專業知能關係之研究**。國立臺中師範學院國民教育研究所碩士論文，未出版，臺北市。

江展塏（1995）。**國民小學校長領導型式與教師教學自我效能關係之研究**。臺北市立師範學院初等教育學系碩士論文，未出版，臺北市。

吳幸宜譯（1994）。**學習理論與教學應用**。M. E. Gredler 原著。臺北市：心理。

吳武典（1971）。社會學習理論及其應用。**師大學報，16**，181-213。

吳清山（1992）。**學校效能研究**。臺北市：五南。

宋玲蘭、林溥鈞譯（2001）。**當代管理學**。G. R. Jones, J. M. George, & C. W. L. Hill 原著。臺北市：麥格羅‧希爾。

李青芬、李雅婷、趙慕芬譯（2002）。**組織行為學**。S. P. Robbins原著。臺北市：華泰。

周惠民（1999）。**原住民地區國小教師自我效能感與工作投入之研究**。國立新竹師範學院國民教育研究所碩士論文，未出版，嘉義市。

林生傳編（1994）。**教育心理學**。臺北市：五南。

林明地等譯（2003）。**教育行政學**。W. Hoy & C. G. Miskel原著。高雄市：麗文。

林明灯（2002）。**臺灣地區中等學校體育教師自我效能之研究**。國立臺灣體育學院體育研究所碩士論文，未出版，臺中市。

洪靖惠（2000）。**國中音樂教師「自我效能」與「生涯規劃」之研究**。國立臺灣師範大學音樂研究所碩士論文，未出版，臺北市。

洪嘉鴻（2003）。**國民小學教師增權與教師自我效能關係之研究**。國立臺中師範學院國民教育研究所碩士論文，未出版，臺中市。

孫本初、陳衍宏（2001）。「標竿學習」初探──兼論其在公部門之應用。載於張潤書教授榮退紀念論文集編輯委員會編，**新世紀的行政理論與實務**（頁87-122）。臺北市：三民。

孫志麟（1994）。**國民小學教師自我效能及其相關因素之研究**。國立政治大學教育研究所碩士論文，未出版，臺北市。

孫志麟（1995）。教師效能的研究途徑與評量理念。**教育資料與研究，5**，67-75。

張世慧（1999）。**國小一般智能優異班教師自我效能模式之驗證暨相關因素之研究**。國立臺灣師範大學特殊教育研究所博士論文，未出版，臺北市。

莊秀貞（1984）。班杜拉的社會學習論。載於郭為藩編著，**人格心理學理論大綱**（頁263-285）。臺北市：正中。

許永熹（2002）。教師效能感的機制及其強化策略。**初等教育學刊，12**，273-288。

郭明德（1999）。**國小教師自我效能、班級經營策略與班級經營成效關係之研究**。國立高雄師範大學教育學系博士論文，未出版，高雄市。

黃毓華、鄭英耀（1996）。一般性自我效能量表之修訂。**測驗年刊，43**，279-286。

廖吳勇（1999）。**國民小學教師工作動機、參與決定與自我效能關係之研究**。
臺北市立師範學院國民教育研究所碩士論文，未出版，臺北市。

蔡文玲（1993）。認知型式、自我效能、個人動機與創造性之關係研究。**應用
心理學報，11**，75-98。

鄭彩鳳（2001）。教育改革中校長工作滿意、校長效能與學校效能之研究：國
小校長之訪談研究。**教育學刊，17**，163-180。

謝琇玲（2002）。校長領導型式、教師效能信念與學校效能之研究──以高雄
市國民中學為例。**社會科學學報，10**，65-90。

謝寶梅（1995）。國小教師自我效能感之調查研究。**初等教育研究集刊，3**，
79-96。

魏方亭（2001）。**嘉南地區國中教師工作價值觀、自我效能感及工作壓力與任
教承諾關係之研究**。國立中正大學教育研究所碩士論文，未出版，嘉義市。

英文文獻

Bandura, A. (1982). Self-efficacy mechanism in human agency. *American
Psychologist, 37*(2), 122-147.

Bandura, A. (1986). *Social foundations of thought and action: A social cognitive
theory*. Englewood Cliffs, NJ: Prentice Hall.

Bandura, A. (1993). Perceived self-efficacy in cognitive development and
functioning. *Educational Psychologist, 28*, 117-148.

Bandura, A. (1997). *Self-efficacy: The exercise of control*. New York: Freeman.

Cakiroglu, J., & Boone, W. J. (2002). Preservice elementary teachers' self-efficacy
beliefs and their conceptions of photosynthesis and inheritance. *Journal of
Elementary Science Education, 14*(1), 1-14.

DeMoulin, D. F. (1992). *Demographic characteristics associated with perceived
self-efficacy levels of elementary, middle, and secondary principals*. (ERIC
Document Reproduction Service No. ED 357506).

Dimmock, C., & Hattie, J. (1996). School principals' self-efficacy and its
measurement in a context of restructuring. *School Effectiveness and School
Improvement, 7*(1), 62-75.

Gibson, S., & Dembo, M. (1984). Teacher efficacy: A construct validation. *Journal
of Educational Psychology, 76*(4), 569-582.

Gist, M. E., & Mitchell, T. R. (1992). Self-efficacy: A theoretical analysis of its determinants and malleability. *Academy of Management Review, 17*(2), 183-211.

Hoy, W. K., & Miskel, C. G. (2001). *Educational administration: Theory, research, and practice.* New York: McGraw-Hill

Imants, J. G. M., & DeBrbander, C. J. (1996). Teachers' and principals' sense of efficacy in elementary schools. *Teaching and Teacher Education, 12*(2), 179-195.

Lyons, C., & Murphy, M. J. (1994). *Principal self-efficacy and the use of power.* (ERIC Document Reproduction Service No. ED 373421).

Mullholland, J., & Wallace, J. (2001). Teacher induction and elementary science teaching: Enhancing self-efficacy. *Teaching and Teacher Education, 17*, 243-261.

Osterman, K., & Sullivan, S. (1996). New principals in an urban bureaucracy: A sense of efficacy. *Journal of School Leadership, 6*(6), 666-691.

Painter, S. R. (2000). Principals' efficacy beliefs about teacher evaluation. *Journal of Educational Administration. 38*(4), 368-378.

Ross, J. A. (1994). The impact of an in-service to promote cooperative learning on the stability of teacher efficacy. *Teaching and Teacher Education, 10*, 381-394.

Tschannen-Moran, M., Hoy, A. W., & Hoy, W. K. (1998). Teacher efficacy: Its meaning and measure. *Review of Educational Research, 68*(2), 202-248.

Wang, L., & Ertmer, P. A. (2003). *Impact of vicarious learning experiences and goal setting on preservice teachers' self-efficacy for technology integration: A pilot study.* (ERIC Document Reproduction Service No. ED 476467).

Yukl, G. (2002). *Leadership in organizations* (5th ed.). Upper Saddle River, NJ: Prentice Hall.

（本文 2004 年曾發表於《國教學報》，第 16 期，頁 235-248。）

第二章

愈挫愈勇：國民中小學校長韌性之建構與發展

壹、前言

　　「天將降大任於是人也，必先苦其心志，勞其筋骨，餓其體膚，空乏其身，行拂亂其所爲，所以動心忍性，曾益其所不能。」上述《孟子・告子篇》之意涵內容，很多人都耳熟能詳，生活中也有許多的故事告訴我們要正向看待生命中的挫折及不順遂，並將之視爲生命成長的養分，而韌性正可以解釋有些人遇到各種生命的困難及逆境時，爲什麼沒被打倒，反而使他們生命更加發光發熱（白倩如、李仰慈、曾華源，2014），是以愈來愈多的研究以韌性爲探究的課題（Egeland, Carlson, & Sroufe, 1993; Luthar, Cicchetti, & Becker, 2000; Walsh, 2006）。

　　隨著正向心理學的興起，韌性的概念也相應而生。韌性是指個人在面對壓力或挫折情境時，能展現出某種問題解決的能力或特質，進而能有效因應與適應（陳佳雯、許伊均、陸洛、吳詩涵，2011）。韌性的重要性在於可預防處於逆境之下不希望得到的結果（von Eye & Schuster, 2000）。對個體而言，韌性是內在自我修復的一種能力，其原意爲彈性（宋麗玉、施教裕，2009），可說是成功地利用自我的

力量從困境展露出比過去更好的狀況（李依珊、江志正、李翊萱，2009）。然韌性絕不是讓危機消失、不存在或是讓個體不受傷害，而是一種幫助個體調適及解決問題的資源，讓個體能從逆境中回復至正常的狀態（陳佳雯等，2011）。此外韌性取向亦代表著肯定個人的優勢，並相信人類內在的智慧和蛻變能力，由問題轉而看可能性，在創傷痛苦和困擾中看到希望（宋麗玉、施教裕，2009）。曾文志（2013）也指出當個人擁有發展資產，或家庭、學校及社會環境能提供豐富的支持與機會，則即使身處於逆境或貧窮的個體仍有可能展現韌性。黃德祥（2008）、楊秀宜與卓紋君（2012）等亦均認為應該培養及強化青少年的正向力量與韌性發展。就運動員來說，心理韌性是一種發展而來的心理優勢（psychological edge），具心理優勢的運動員比對手有能維持決心、專注、自信及壓力下的控制（Jones, Hanton, & Connaughton, 2002）。陳儷今（2011）研究發現運動選手之積極奮鬥及抗壓性之運動心理韌性會影響競賽壓力因應策略，因而建議強化選手內在心理素質，使選手在抗壓上能調節提升。

　　就教育人員而言，在一個激烈變化的時局裡，學校領導者的負荷很重且很容易受創，這些逆境及壓力，是一個潛在的成長觸媒，也是挫折的來源，因此處於一個變革的時代，韌性對學校校長而言有其重要性（李依珊等，2009）。韌性強的人在面對變化中的情境要求時，尤其是在挫折及壓力情境下，其反應傾向是較有彈性、不僵化，而且適應良好且人際互動較有效能（蕭佳純，2015）。換言之，韌性有助於個體在面對逆境時，能愈挫愈勇，並勇於接受挑戰，故校長面對教育環境的問題及各種學校評鑑，必須要有很強的心理韌性，才能應付各種挑戰。質言之，韌性是個人很珍貴且重要的心理資本內涵（蔡進雄，2009；Luthans, Luthans, & Luthans, 2004），個體如果能夠培養高度的韌性，則對於個人生涯發展將有很大的幫助，惟過去針對校長韌性之研究較為缺乏，值得進一步加以探討。

基於上述，本研究將以國民中小學校長為研究對象，建構國民中小學校長韌性構面，並探討目前國民中小學校長心理韌性的差異情形，以供教育行政機關及教育領導人之參考。

貳、文獻探討

　　在探究韌性之相關文獻之前，對於 resilience 一詞之翻譯名詞進行說明。resilience 的本意是彈性、彈回、有彈力、韌性、恢復力、復原（黃德祥，2008）。國內對於 resilience 一詞主要有兩種翻譯名詞，其一是復原力，其二是韌性。將 resilience 翻譯為復原力，隱含恢復至原本的狀態而非更好，然韌性則反映出個人之內在力量或資源，凸顯出個人面對困境能屈能伸的力量（廖治雲，2011）。于肖楠與張建新（2005）也主張譯為韌性較為適當，韌性是係指個體在重大創傷後能恢復最初狀態，也是在壓力的威脅下能夠頑強持久、堅忍不拔的狀態，同時亦是指個體在挫折後的成長與新生。韌性代表中國文化中所強調的，在壓力及威脅下百折不撓、堅強不屈的人（黃德祥2008）。筆者認同上述觀點，故本研究亦採用韌性一詞，再者，採用韌性一詞可以描述校長在面對困難及各種人事物之挫折時，能展現出個人之內在堅韌及自發能量。此外，本研究於行文過程中亦將原作者使用之復原力一詞改以韌性加以表達，以使行文一致。在說明使用之重要名詞後，接下來闡述韌性的意涵及相關理論。

一、韌性的意涵

　　Masten、Best 與 Garmezy（1990）表示具韌性的個體有三大現象：(1) 在高度危險之環境中仍有良好之表現結果；(2) 在壓力之下能維持個人能力；(3) 能從創傷中復原。Luthar、Cicchetti 與 Becker（2000）

認爲韌性係指在逆境中的積極正向適應之動態過程，韌性的兩個要件是：(1) 暴露於重大威脅或逆境之中；(2) 不管打擊而能獲得積極正向適應之達成。蕭文（1999）陳述韌性的構成因子包括七項：(1) 具有幽默感並對事件（events）能從不同角度觀之；(2) 雖置身挫折情境，卻能將自我與情境作適度分離；(3) 能自我認同，表現出獨立和控制環境的能力；(4) 對自我和生活具有目的性和未來導向的特質；(5) 具向環境和壓力挑戰的能力；(6) 有良好的社會適應技巧；(7) 較少強調個人的不幸、挫折、無價值及無力感。林志哲（2007）表示強化青少年韌性的可行之道爲：(1) 以正向心理學角度去發現個體的優點與長處；(2) 提供個體多元嘗試的機會以獲取成功經驗；(3) 鼓勵青少年多參與利社會性的團體活動；(4) 建立不同發展階段中個體的休閒文化區域；(5) 教導個體於遭遇困境時的有效因應策略；(6) 爲父母規劃並舉辦親職教育課程方案。Luthar、Cicchetti 與 Becker（2000）認爲韌性是處於逆境的一種適應能力（楊秀宜、卓紋君，2012）。Turner（2001）主張韌性是一種面對逆境的重新振作之能力，並在一種健康幸福感受下持續地過有功能的生活。Walsh 於 2006 年懇切主張韌性是指從困境中站起來，而且變得更強壯，更有資源運用能力；韌性也是一種面對風險與挑戰時，忍耐、自我修正與成長的積極過程（白倩如、李仰慈、曾華源，2014；Walsh, 2006）。

李俊良（2000）指出韌性意指從疾病、挫折、其他種種逆境中復原的能力。朱森楠（2001）將韌性定義爲個體面對內外壓力困境時，激發內在潛在認知、能力或心理特質，運用內外資源積極修補，調適機制的過程，以獲取朝正向目標的能力、歷程或結果。張淑慧（2007）認爲韌性是一個人可以培養的認知或情感的心理特質、潛能或能力，結合內外在保護因子及正向行爲取向，使處於創傷、危機或壓力情境下的個人，能在個體與環境互動的動態結構中，突破逆境因素、化解壓力，發展出健康積極的因應策略，獲得自我控制的能

力，而促成個體之成功適應與成長發展，以及展現正向之能量及能力。廖貴貞（2009）陳述韌性是指不論有多高的危機狀態，或處在威脅下，都具有承受之能力，並能從創傷中恢復，往正向發展。李新民（2010）指出韌性是個體能夠在遭遇到壓力、失落、挫折、威脅、困境及各種大大小小的災難後，運用彈性的調適功能，以抵抗壓力、克服艱難、恢復正常的能力。吳清山（2013）表示學業韌性係指個體能夠有效處理其在學習環境中學業問題的挫折與壓力。戴芳台（2014）認為教師韌性是個人與環境互動產生的結果，教師必須理解個人與工作情境中的危險因子與保護因子，才能維持與提升教師對專業的承諾。

　　綜觀上述，各家對於韌性有了不同的解讀，但歸納起來可以將韌性廣義地定義為個人面對逆境、挫折或壓力的情況之下，激發所具有的內在潛能、特質或能力，運用內外相關資源加以修補，而能克服困難及化解壓力，並能往更為積極正向的目標發展。申言之，韌性是一種能力或特質，韌性的運作過程是能運用內外相關資源，韌性的結果是朝向更為積極正向的目標發展。準此，校長韌性是校長面對辦學逆境、挫折或壓力之下，激發所具有的能力或特質，運用內外資源，而能克服辦學困難、化解壓力及恢復活力，並能往更為積極正向的目標發展。綜言之，韌性是一種特質，韌性是一種能力，韌性也是內外在資源運用的過程。

二、韌性的相關理論

　　Kobasa（1979）對於堅毅特質提出三個假設：(1) 人們在壓力之下，有較好掌握感（control）的人，會比感到無力感（powerless）的人，較為健康；(2) 人們在壓力之下，對多元環境有承諾（committed）的人，會比疏離（alienated）的人，較為健康；(3) 人們在壓力之下，將改變視為挑戰（challenge）的人，比視為威脅（threat）的人，較

爲健康。Masten（2001）認爲韌性不是超凡的過程而是一般的現象，韌性是人類基本適應系統的運作，也是平凡人的神奇力量。Brooks 與 Goldstein 陳述擁有韌性的十個要素包括：改變生活、選擇抗壓、用別人的觀點觀察生活、有效溝通、接納自己及他人、貼近他人及發揮憐憫心、有效處理錯誤、培養特長及欣然面對成功、訓練自律及自制力、維持心智堅韌的生活型態（洪慧芳譯，2005）。美國心理學會發展出一項名爲「通往韌性之路」的計畫，提出十種增加心理抵抗力的方法如下：與社會接觸、別把危機視爲無法解決的難題、接受「改變是人生的一部分」、嘗試達成目標、果斷地行爲、找尋自己、以正面的觀點看待自己、抱持最好的期待、照顧自己（王榮輝譯，2015）。Pattern 與 Kelleher（2005）則主張以三個層面來解釋韌性，包括對逆境的解釋、韌性能量及獲致韌性的能量。如圖 2-1 所示，韌性內涵之展現可進一步分爲六個階段（李依珊、江志正、李翊萱，2009；Pattern & Kelleher, 2005）：(1) 逆境的打擊：包括個人所遭遇的大大小小困境、難題或挑戰，就學校領導者而言，所面臨的困境可能是學生的流動或低社群支持；(2) 對逆境的解釋：隨著個人對待事件之角度不同，而有不同的解釋，並根據這些解釋，個體會選擇所要做出的反應；(3) 韌性能量：韌性能量是具彈性的，當個體從逆境中成長，便會藉由強化個人價值、效能及能量來擴展自我韌性能量；(4) 獲致韌性的行動：行動來自於個人對價值的澄清與堅信，也來自於反應個人效能的狀況，以及個人能量的展現；(5) 成功的結果：個體經由行動之後，發覺能有效解決難題，而有成功而美好的感覺；(6) 增加對未來面對逆境的韌性能量：個體經由行動而解決難題後，產生成功的經驗與感覺，之後對未來的逆境能增加韌性能量。

除了 Patterson 和 Kelleher（2005）對韌性的發展過程有了深入的探討外，在許多韌性的相關研究中是將韌性的發展分成危險因子（risk factor）及保護因子（protective factor），危險因子會導致適

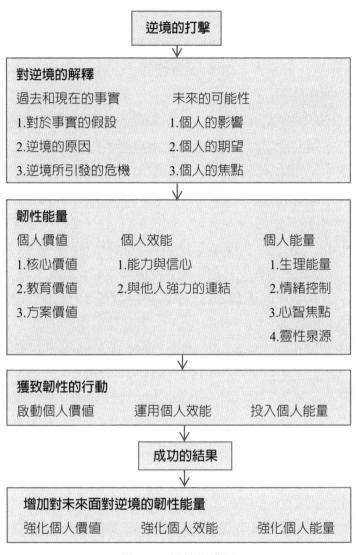

圖 2-1　韌性的構面

資料來源：Pattern & Kelleher, 2005: 4.

應不良與負面結果，保護因子則導致正向適應與結果（戴芳台，
2014）。危險因子包括內在危險因子及外在危險因子，前者包括個
體的負向思考、較少希望、自尊低落等，後者包括如家庭功能不彰、

缺乏支持系統等；保護因子也包含內在保護因子及外在保護因子，前者包含自尊、自我效能等，後者包含家庭的支持、社區的參與等（白倩如、李仰慈、曾華源，2014；黃德祥，2008）。林育陞（2015）亦認為韌性的特性可從個人和外在來看，個人部分主要是自我個性、對事情的看法及自我功能等，而外在部分所強調的是資源網絡之支持性。此外，Farmer（2010）指出學校領導絕不是容易的事，有效的韌性發展策略可提供給學校領導者克服逆境並達成組織目標，這些韌性策略包括：規律運動及健康飲食、正向的人生觀、與利害關係人建立橋梁、靈性重建、聚焦個人使命、韌性的決定、支持性專業網絡的運用等。Allison（2012）也陳述學校領導者面對許多挑戰，必須保持韌性的六項作法，分別為：(1) 從事個人更新；(2) 鼓舞人心；(3) 保持樂觀；(4) 降低受挫的衝擊；(5) 建立網絡關係；(6) 看到發展圖像並引發改變。

　　Walsh（2006）曾提出韌性的三種模式，值得引述參考，此三種模式分別是（王昭琪，2005；李秋涼，2012）：(1) 免疫模式（immunity model）：是指個體能將先前成功經驗，順利轉化延伸到目前困境，使自己順利面對困境進而加以克服，就像接種疫苗一般，在個體身上已產生抗體，下次再受到病毒侵襲時，就能迎刃而解；(2) 補償模式（compensatory model）：是指個體擁有內在特質與外在資源，能增加保護因子來減緩危機或壓力事件對個體所衍生的負面影響，個體的內外在資源就像安全氣囊，高速衝擊下因氣囊的緩衝作用，使個體傷害降至最低；(3) 挑戰模式（challenge model）：是將壓力事件視為一種挑戰，適度的壓力有時反而能夠燃起個體內在的鬥志，激發個人潛能的提升，故壓力事件有時也可能成為促進韌性的重要關鍵。

三、韌性的相關研究

美國發展心理學家 Werner 與 Smith 於 1970 年代在夏威夷之考艾島（Kauai）進行兒童與青少年的復原力研究，考艾島當時是一個貧窮的島嶼，很多父母都需要工作，Werner（1982）研究發現家境貧困與環境惡劣的兒童中，有三分之二在青少年後期出現慢性失業、藥物濫用、未婚懷孕、具破壞行為等狀況，但 Werner 也發現有三分之一出身相同困境的弱勢學生，並沒有出現問題行為，這些青少年被 Werner 稱之為具有復原力的個體，他們的生活中具有較多的保護因子，因而儘管環境不利，他們的發展仍不同（引自黃德祥，2008；Werner & Smith, 1982）。朱森楠（2001）研究結果發現，受訪者在國中三年中的韌性因素有七種，依序為「願與他人產生關聯」、「自我覺察」、「價值性」、「接受控制」、「有意與他人分享」、「積極性」、「適應性」。連雅棻、黃惠滿與蘇貞瑛（2007）以社區獨居老人為研究對象，研究發現獨居老人人格韌性愈高或社會支持愈高，則生活愈感滿意，此外，獨居老人人格韌性愈高，所感受到的社會支持愈高，社會支持和人格韌性兩者間相互作用。詹雨臻、葉玉珠、彭月茵與葉碧玲（2009）發展青少年復原力量表，經由項目分析、探索性因素分析及信度分析等統計分析，結果共抽取問題解決與認知成熟、希望與樂觀、同理心與人際互動、情緒調節等四個因素。李新民（2010）以國民中小學學生為對象，研究發現韌性和正向情緒、自我效能、幽默感、情緒幸福感、心理幸福感、社會幸福感和身體功能皆有顯著正相關。王鴻裕與江志正（2012）的研究發現如下：(1) 臺中市國小校長有中高程度的韌性，各層面中以「家庭團結」最高，其次依序為「個人強度」、「社會資源」、「未來組織風格」及「社交能力」；(2) 男性校長的韌性高於女性校長；(3) 年長的校長韌性高於年輕的校長；(4) 已婚校長的韌性高於其他（未婚、離婚及其他等）情

況的校長；(5) 校長年資較深之校長韌性高於較資淺之校長；(6) 有運動習慣之校長韌性高於無運動習慣之校長。

　　張維揚（2013）探討國中特教教師在復原力與幸福感的情況，研究結論指出國中特教教師韌性與幸福感上呈現顯著正相關。曾文志（2013）以經濟弱勢大學生為研究對象，研究發現在「明日劇本」與「人生課題」兩個向度上，高韌性組的敘事連貫性顯著優於低韌性組；高韌性組的成就責任顯著較高，低韌性組的學生則較缺乏活力去自我開發，對失敗存有陰影；高韌性組的學生和諧共融得分顯著較高，低韌性組的學生則較常陷入角色衝突、埋怨困境。彭心怡、洪瑞斌、林俊宏與劉淑慧（2013）探究生涯韌性之研究結果指出：(1) 純資產包括個人層面的認知轉化與意義重建等，環境層面之父母或照顧者對教育上之支持與鼓勵等；(2) 危險因子包括個人層面之生理或身體疾病因素等，危險因子是兩極對立狀態，且彼此有相互增減與抵消作用；(3) 少數資產與危險層面之家庭經濟的困境等，分析危險／資產兩極因子特性，部分項目之資產與因子存在著正負辯證或相生的複雜狀態，無法簡單歸納於正向或負向作用。蕭佳純與郭怡慧（2014）的研究顯示國中教師韌性對職業倦怠具負向影響，國中教師的韌性在工作壓力與職業倦怠的關係間扮演調節效果。戴芳台（2014）研究教師復原力發現，在教師復原力的危險因子，在個人方面包括負向思考、失去尊嚴及自我價值，以及知覺信念與實踐的衝突等，在脈絡方面包括教育政策、社會價值觀、親師關係、支持系統、組織文化及師生關係；教師復原力的保護因子，在個人方面包含身心健康、堅毅性格、正向思考及具體行動等，在脈絡方面包括福利政策、教師專業研習、外在支持網絡、教師會運作、教師學習社群及內在支持網絡等。

　　綜觀上述可知，各學者專家對於韌性的層面區分不一，本研究參酌各家之看法將國民中小學校長韌性區分為克服艱難、正向樂觀、資源支持、恢復活力等四個構面。此外，從各研究也可發現教師若具有

韌性，則會較具幸福感並能降低職業倦怠，可見一個人的韌性會影響其心理發展及工作表現。

四、小結

從韌性的探究中可以得知，個體不是被動的環境受害者，相反地，個體是主動調適甚至是積極面對生活中的挫折與壓力，且採用正面的角度能讓我們看到「玫瑰的美」而不僅是「玫瑰的刺」（李俊良，2000）。申言之，在教育變革中的學校校長不應將自己視為教育環境的「受害者」，抱怨教育環境及政策的不佳，或自憐自艾，而是應該以正向角度及以學生為核心的理念下，不斷挑戰教育工作的壓力與問題，進而活出精彩的教育領導生涯。

參、研究設計與實施

在本研究之研究設計與實施方面，首先敘述本研究之變項，接著說明研究工具的編製過程，最後闡述研究對象之選取、研究實施程序及資料處理之統計分析方法。

一、研究變項

本研究首先探究國民中小學校長韌性之現況，並探討不同背景變項在國民中小學校長韌性的差異情形，茲將本研究變項闡明如下：

1. 校長韌性：包括校長克服艱難、正向樂觀、資源支持、恢復活力等四個構面。

2. 背景變項：包含校長背景變項（性別、年齡、婚姻、學歷、擔任校長年資、宗教信仰）與學校環境背景變項（服務教育階段、學校規模）。

二、研究工具的編製與信效度考驗

(一) 問卷內容、計分方式及專家效度

　　本研究參考李新民（2009）、李新民與陳密桃（2008）、藍婉寧（2014）等人的問卷，編擬問卷初稿之後並進行專家效度，以確保本調查問卷之信效度及品質，並使量表更具周全性。如表 2-1 所示，本研究邀請十二位學者專家、中小學校長及教師等進行專家效度，筆者參考專家意見修正後，形成國民中小學校長韌性調查問卷。本問卷將國民中小學校長韌性分為克服艱難、正向樂觀、資源支持及恢復活力等四構面。填答校長於「總是如此」、「經常如此」、「有時如此」、「很少如此」及「從未如此」等五個不同之選項，依其知覺勾選適當選項，電腦輸入計分方式是依序給予 5 分、4 分、3 分、2 分及 1 分。

表 2-1
調查問卷專家效度之學者專家一欄表

專家編號	服務單位及職稱
A	臺北教育大學師資培育暨就業輔導中心兼任助理教授
B	臺灣師範大學師資培育與就業輔導處副教授
C	臺灣師範大學教育學系副教授
D	新竹教育大學教育與學習科技學系教授
E	新北市新莊區國小校長
F	新北市三峽區國小校長
G	銘傳大學教育研究所助理教授
H	新北市新莊區國中校長
I	臺北市立大學教育行政與評鑑研究教授
J	雲林縣雲林國中教師

專家編號	服務單位及職稱
K	國立大學附設實驗國民小學校長
L	臺北市西園國小主任

（二）校長韌性正式問卷之探索式因素分析與信度

　　本研究係以桃園市、新竹縣、新竹市、苗栗縣所有公立國中及國小學校校長計 549 位爲研究對象，總計回收可用的問卷爲 243 份。本研究以回收可用問卷來進行效度及信度考驗，採探索式因素分析建構校長韌性量表之效度，統計分析方法爲使用主要成分分析法，且採取極變法進行直交轉軸，以獲取本量表各題目之因素負荷量並萃取校長韌性因素。

　　具體說來，本問卷內容以克服艱難、正向樂觀、資源支持及恢復活力等四構面爲依據，問卷回收輸入資料後，在限定四個因素下進行探索式因素分析，以檢定各題目的因素負荷量。第一次探索式因素分析後發現少部分題目因素負荷量低於 .50 或未歸類於原屬層面，於是刪除量表之第 8 題、第 10 題、第 11 題、第 15 題、第 17 題及第 21 題，在刪題後再次進行探索式因素分析，統計分析結果如表 2-2 所示。觀察表 2-2 可知，第一個因素爲克服艱難，計有 8 題，本構面的因素負荷量在 .730 至 .579 之間，解釋變異量爲 21.016%；第二個因素爲恢復活力，計有 7 題，本構面的因素負荷量介於 .766 至 .567 之間，解釋變異量爲 19.471%；第三個因素是正向樂觀，計有 4 題，本構面之因素負荷量在 .807 到 .608 之間，解釋變異量爲 13.536%；第四個因素是資源支持，計有 5 題，本構面之因素負荷量在 .882 到 .504 之間，解釋變異量爲 12.583%。總括說來，本量表透過探索式因素分析的統計分析考驗後，本研究所建構的國民中小學校長韌性量表的效度是可接受且理想的。

表 2-2
校長韌性問卷的探索式因素分析（N=243）

因素次序	原題號	題目	因素負荷量	特徵值	解釋變異量	累積變異量
因素一（克服艱難）	9	即使遇到嚴重的工作挫敗，我也不會輕易退卻。	.730	5.044	21.016	21.016
	3	我面對失敗時不輕易氣餒。	.727			
	2	遇到任何辦學困難，我不會輕易打退堂鼓。	.715			
	4	我會因面對強大的辦學壓力而更堅強。	.713			
	6	我是個堅強的人，不輕易被打倒。	.692			
	1	我可以應付學校任何情況。	.676			
	7	我能將工作上的艱難視為一種磨鍊。	.590			
	5	我會嘗試用各種方法來克服人際之間的衝突問題。	.579			
因素二（恢復活力）	28	遇到逆境，我很快就可以恢復活力。	.766	4.673	19.471	40..487
	26	遇到同事不理性的批評，我會淡然處之。	.723			
	27	生病或受傷時，我有好的恢復能力。	.688			
	25	遇到家長指責時，我會很快讓自己的情緒恢復平靜。	.676			
	29	處理校務時，我不會因受打擊而心情沉悶。	.629			
	24	即使遇到煩惱，我還是保持豁達的心境。	.623			
	30	即使遇到辦學困難，我仍充滿活力。	.567			

因素次序	原題號	題目	因素負荷量	特徵值	解釋變異量	累積變異量
因素三 （正向 樂觀）	13	我會看見事情希望的一面。	.807	3.249	13.536	54.023
	12	我是個樂觀的人。	.713			
	14	不管任何事我都會盡最大的努力。	.618			
	16	當遇到逆境挫折時，我會看到事件正向的一面。	.608			
因素四 （資源 支持）	19	平時我有諮詢請教的對象，可以幫助我解決問題。	.882	3.020	12.583	66.607
	18	遇到辦學的問題，我會尋求資深校長或好友的支持。	.806			
	20	遇到逆境時，總有人會支持我，讓我不會覺得孤立。	.712			
	23	我會尋求資源，有效解決問題。	.540			
	22	我知道從哪裡可以得到幫助。	.504			

　　再者，本研究量表之信度考驗是採取 Cronbach α 係數加以印證說明，α 係數指的是題目之內部一致性，從表 2-3 觀之，本量表之克服艱難因素之 Cronbach α 係數為 .911，正向樂觀因素之 Cronbach α 係數為 .856，資源支持的 Cronbach α 係數為 .845，恢復活力的 Cronbach α 係數為 .910，整體量表的 Cronbach α 係數為 .951。由此可知，本研究之國民中小學校長韌性各構面及整體的內部一致性是良好且可被接受的。

表 2-3
國民中小學校長韌性的內部一致性信度分析

層面	克服艱難	正向樂觀	資源支持	恢復活力	整體韌性
α 係數	.911	.856	.845	.910	.951
題數	8	4	5	7	24

三、研究對象與實施程序

　　關於研究對象及實施程序方面，本研究係以桃園市、新竹縣、新竹市、苗栗縣所有公立國中及國小學校校長為研究對象，調查問卷直接郵寄給桃園市公立國民中學 60 所及國民小學 186 所，新竹縣公立國民中學 31 所及國民小學 89 所，新竹市公立國民中學 12 所及國民小學 29 所，苗栗縣公立國民中學 30 所及國民小學 112 所，共寄出國民中學 133 所及國民小學 416 所，總計發出 549 份調查問卷。本調查問卷總計回收 245 份，占所發出問卷之 44.62%，在剔除填答不全之問卷 2 份後，可以實施正式統計分析之問卷數量計 243 份，可用率為 44.26%，有效樣本之基本資料彙整臚列如表 2-4。

　　觀察桃園市、新竹縣、新竹市、苗栗縣所有公立國中及國小學校校長的基本資料，可以得知目前桃園市、新竹縣、新竹市、苗栗縣之國民中小學校長普遍的年齡介於 40 歲至 60 歲之間居多，且大多數具有碩士學位。此外，由於 30 歲至 39 歲之校長僅有一人，故將此樣本歸類為 40 歲至 49 歲之變項。

表 2-4
有效樣本的基本資料分析

類別	項目	填答人數	百分比（%）
校長性別	男性	141	58.0
	女性	102	42.0
校長年齡	30-39 歲	1	.4
	40-49 歲	100	41.2
	50-59 歲	121	49.8
	60 歲以上	21	8.6

類別	項目	填答人數	百分比（%）
校長婚姻	已婚	232	95.5
	未婚	7	2.9
	其他	4	1.6
校長學歷（含四十學分班）	學士	9	3.7
	碩士	211	90.5
	博士	23	9.5
擔任校長年資	1 年以內	20	8.2
	1 年 - 未滿 4 年	48	19.8
	4 年 - 未滿 8 年	80	32.9
	8 年以上	95	39.1
宗教信仰	有宗教信仰	125	51.4
	無宗教信仰	118	48.6
服務階段	國民小學	164	67.5
	國民中學	79	32.5
學校規模	小型	113	46.5
	中型	83	34.2
	大型	47	19.3
合計		243	100

四、資料處理

本研究在回收問卷之後，將受試校長所寄回的問卷進行整理，並將施測所得的有效問卷資料輸入於電腦，且以 SPSS18.0 統計套裝軟體來實施量化資料之分析。為達成研究目的，本研究所採取之統計方法有下列幾種，闡述如下：(1) 探析國民中小學校長韌性各構面及整體韌性之平均數、標準差，以了解校長韌性各層面和整體韌性的現況情形，並進一步採用皮爾遜積差相關（Pearson's product-moment correlation）探討韌性各構面間之關係；(2) 以平均數差異顯著性考驗，探析不同性別、有無宗教信仰及不同教育階段之校長韌性的差異情況；(3) 採用單因子變異數分析（one-way ANOVA）考驗不同背景變項（年齡、婚姻、學歷、年資及學校規模）於校長韌性的差異情況，如果差異達到了顯著水準，則接下來將進一步以薛費法（Scheff'e method）進行事後比較之分析。

肆、研究結果分析與討論

一、國民中小學校長韌性之現況與各構面之相關

（一）國民中小學校長韌性之現況

觀察表 2-5 之資料顯示：目前國民中小學校長在「克服艱難」構面上，平均每題分數為 4.40；在「正向樂觀」構面上，平均每題得分為 4.43；在「資源支持」構面上，平均每題分數為 4.28；在「恢復活力」構面上，平均每題得分為 4.14；在「整體校長韌性」得分上，平均每題分數為 4.31。整體說來，國民中小學校長韌性各層面及整體韌性，是屬於中上程度，其中以校長正向樂觀構面得分最高。

表 2-5
國民中小學校長韌性分析結果摘要表（N=243）

構面	平均每題得分	標準差	題數	每題最高得分
克服艱難	4.40	.44	8	5
正向樂觀	4.43	.49	4	5
資源支持	4.28	.53	5	5
恢復活力	4.14	.52	7	5
整體韌性	4.31	.42	24	5

（二）國民中小學校長韌性各構面之相關

　　在探究國民中小學校長韌性現況後，本研究進一步以積差相關了解韌性各層面的相關情形，從表 2-6 的統計分析觀之，克服艱難、正向樂觀、資源支持及恢復活力各構面呈顯著正相關，表示韌性各層面彼此是有密切關聯。

表 2-6
國民中小學校長韌性各構面之相關分析結果摘要表（N=243）

	克服艱難	正向樂觀	資源支持	恢復活力
克服艱難	-			
正向樂觀	.705**	-		
資源支持	.556**	.512**	-	
恢復活力	.745**	.746**	.557**	-

**P<.01

二、國民中小學校長韌性的差異情形

（一）不同性別校長之韌性的差異情形

　　男性校長與女性校長在韌性之平均數、標準差及 t 考驗結果，如表 2-7 所示。如表 2-7 顯示，在克服艱難、正向樂觀、資源支持及恢復活力等韌性各層面及整體上，女性校長的平均數得分高於男性校長。透過 t 考驗之後，在正向樂觀及資源支持面向，女性校長顯著高於男性校長，其餘各構面及整體韌性均未達 .05（P<.05）的顯著水準。

表 2-7
不同性別國民中小學校長之韌性的差異情形

構面	類別	樣本數	平均數	標準差	t
克服艱難	男	141	4.39	.43	-.39
	女	102	4.42	.46	
正向樂觀	男	141	4.37	.51	-2.10*
	女	102	4.50	.46	
資源支持	男	141	4.22	.52	-2.09*
	女	102	4.36	.53	
恢復活力	男	141	4.10	.51	.10
	女	102	4.21	.52	
整體韌性	男	141	4.27	.42	-.06
	女	102	4.37	.42	

*P<.05

(二) 不同年齡校長之韌性的差異情形

　　由於 30 至 39 歲一組之樣本僅有一位，故歸納於 40 至 49 歲組，不同校長年齡之韌性得分的平均數、標準差、變異數分析，詳見表 2-8 所示。依據表 2-8 之統計資料顯示，不同年齡的校長在韌性的差別，透過單因子變異數分析後，恢復活力構面其差異達 .05（P<.05）以上的顯著水準，再以薛費法進行事後比較，結果如表 2-8 所示：在恢復活力構面上，60 歲以上之校長顯著高於 40 歲至 49 歲，其餘各組則未達顯著的不同。

表 2-8
不同年齡校長之韌性的平均數、標準差與變異數分析

構面	類別	樣本數	平均數	標準差	F 值	事後比較
克服艱難	(2) 40-49 歲	101	4.35	.45	1.716	
	(3) 50-59 歲	121	4.43	.44		
	(4) 60 歲以上	21	4.52	.39		
正向樂觀	(2) 40-49 歲	101	4.38	.52	1.972	
	(3) 50-59 歲	121	4.43	.47		
	(4) 60 歲以上	21	4.61	.43		
資源支持	(2) 40-49 歲	101	4.35	.47	1.708	
	(3) 50-59 歲	121	4.22	.56		
	(4) 60 歲以上	21	4.26	.57		
恢復活力	(2) 40-49 歲	101	4.07	.51	5.632*	(4) > (2)
	(3) 50-59 歲	121	4.15	.52		
	(4) 60 歲以上	21	4.48	.42		
整體韌性	(2) 40-49 歲	101	4.29	.42	1.648	
	(3) 50-59 歲	121	4.31	.42		
	(4) 60 歲以上	21	4.47	.40		

*P<.05

(三) 不同婚姻情況校長之韌性的差異情形

不同婚姻情況校長的韌性得分之平均數、標準差及事後比較，如表 2-9 所示，敘述說明如下：

從表 2-9 的統計分析資料顯示，不同婚姻狀況的校長於韌性的差異，藉由單因子變異數分析後，其差異均未達 .05（P<.05）以上的顯著水準，是以在整體韌性及韌性之克服艱難、正向樂觀、資源支持及恢復活力各層面上，已婚之校長與其他婚姻狀態之校長，未達顯著之差異。

表 2-9
不同婚姻情況校長之韌性的平均數、標準差與變異數分析

構面	類別	樣本數	平均數	標準差	F 值	事後比較
克服艱難	(1) 已婚	232	4.40	.44	.116	
	(2) 未婚	7	4.44	.43		
	(3) 其他	4	4.31	.66		
正向樂觀	(1) 已婚	232	4.44	.49	1.093	
	(2) 未婚	7	4.28	.36		
	(3) 其他	4	4.12	1.01		
資源支持	(1) 已婚	232	4.28	.52	.046	
	(2) 未婚	7	4.22	.50		
	(3) 其他	4	4.25	.95		
恢復活力	(1) 已婚	232	4.15	.51	.509	
	(2) 未婚	7	4.04	.49		
	(3) 其他	4	3.92	.94		
整體韌性	(1) 已婚	232	4.32	.42	.391	
	(2) 未婚	7	4.25	.30		
	(3) 其他	4	4.15	.87		

(四) 不同學歷校長韌性的差異情形

不同校長學歷之韌性得分的平均數、標準差、F 值及事後比較，如表 2-10 所示，闡明如下：

觀察表 2-10 的統計分析資料顯示，不同學歷之校長在韌性的差異，透過單因子變異數分析後，其差異未達 .05（P<.05）以上的顯著水準。也就是說，不論是學士、碩士（含四十學分班）或是博士學位之國民中小學校長在克服艱難、正向樂觀、資源支持及恢復活力等韌性表現上並沒有顯著的差異。

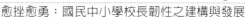

表 2-10
不同學歷校長之韌性的平均數、標準差與變異數分析

構面	類別	樣本數	平均數	標準差	F 值	事後比較
克服艱難	(1) 學士	9	4.44	.39	.668	
	(2) 碩士	211	4.39	.45		
	(3) 博士	23	4.50	.44		
正向樂觀	(1) 學士	9	4.61	.43	.902	
	(2) 碩士	211	4.41	.50		
	(3) 博士	23	4.50	.50		
資源支持	(1) 學士	9	4.37	.54	.159	
	(2) 碩士	211	4.27	.52		
	(3) 博士	23	4.29	.62		
恢復活力	(1) 學士	9	4.30	.46	1.880	
	(2) 碩士	211	4.12	.52		
	(3) 博士	23	4.31	.52		
整體韌性	(1) 學士	9	4.43	.40	.948	
	(2) 碩士	211	4.30	.42		
	(3) 博士	23	4.40	.43		

（五）不同校長年資之校長韌性的差異情形

不同校長年資的韌性得分之平均數、標準差、變異數分析及事後比較，如表 2-11 所示，敘述說明如下：

觀察表 2-11 之統計資料分析可知，不同校長年資之校長於韌性之差異，經由單因子變異數分析後，其差異未達 .05（P<.05）以上的顯著水準，表示不論是一年、四年或八年以上等之國民中小學校長在整體韌性及克服艱難、正向樂觀、資源支持及恢復活力各層面均未達顯著的差別。

表 2-11

不同校長年資之校長韌性的平均數、標準差與變異數分析

構面	類別	樣本數	平均數	標準差	F 值	事後比較
克服艱難	(1) 1 年以內	20	4.37	.47	.387	
	(2) 1- 未 4 年	48	4.42	.44		
	(3) 4- 未 8 年	80	4.36	.46		
	(4) 8 年以上	95	4.43	.43		
正向樂觀	(1) 1 年以內	20	4.48	.42	.329	
	(2) 1- 未 4 年	48	4.47	.51		
	(3) 4- 未 8 年	80	4.39	.54		
	(4) 8 年以上	95	4.42	.46		
資源支持	(1) 1 年以內	20	4.30	.48	1.775	
	(2) 1- 未 4 年	48	4.39	.48		
	(3) 4- 未 8 年	80	4.32	.53		
	(4) 8 年以上	95	4.19	.55		
恢復活力	(1) 1 年以內	20	4.12	.56	.191	
	(2) 1- 未 4 年	48	4.11	.49		
	(3) 4- 未 8 年	80	4.13	.55		
	(4) 8 年以上	95	4.17	.50		
整體韌性	(1) 1 年以內	20	4.32	.40	.145	
	(2) 1- 未 4 年	48	4.35	.41		
	(3) 4- 未 8 年	80	4.30	.46		
	(4) 8 年以上	95	4.30	.40		

（六）有無宗教信仰校長之韌性的差異情形

有無宗教信仰的國中小校長在韌性之平均數、標準差及 t 考驗結果，如表 2-12 所示。由表 2-12 的統計顯示分析情形，在克服艱難、

正向樂觀、資源支持及恢復活力等韌性各層面及整體韌性方面，有宗
教信仰之校長的平均數得分與無宗教信仰之校長平均數得分，經由 t
考驗，均未達 .05（P<.05）的顯著水準，表示有無宗教信仰之校長在
韌性各層面及整體韌性並未達顯著之差別。

表 **2-12**
有無宗教信仰之國民中小學校長韌性的差異情形

構面	類別	樣本數	平均數	標準差	t
克服艱難	有	125	4.37	.46	-1.25
	無	118	4.44	.42	
正向樂觀	有	125	4.42	.52	-.29
	無	118	4.44	.47	
資源支持	有	125	4.26	.54	-.57
	無	118	4.30	.52	
恢復活力	有	125	4.11	.52	-.84
	無	118	4.17	.52	
整體韌性	有	125	4.29	.44	-.85
	無	118	4.34	.40	

（七）不同服務教育階段校長之韌性的差異情形

　　國民小學校長與國民中學校長在克服艱難、正向樂觀、資源支持
及恢復活力的平均數、標準差及 t 考驗結果，如表 2-13 所示。就表
2-13 之資料來看，經由 t 考驗，克服艱難、正向樂觀、資源支持及恢
復活力及整體韌性得分之差異均未達 .05（P<.05）的顯著水準，顯示
國中與國小校長於韌性表現上並沒有明顯的差異。

表 2-13
不同服務教育階段之校長韌性的差異情形

構面	類別	樣本數	平均數	標準差	t
克服艱難	國小	164	4.40	.43	.08
	國中	79	4.40	.47	
正向樂觀	國小	164	4.42	.49	-.39
	國中	79	4.44	.50	
資源支持	國小	164	4.31	.51	1.43
	國中	79	4.21	.56	
恢復活力	國小	164	4.13	.50	-.67
	國中	79	4.17	.56	
整體韌性	國小	164	4.31	.41	.14
	國中	79	4.31	.45	

（八）不同學校規模之校長韌性的差異情形

　　不同學校規模下之校長韌性得分的平均數、標準差、F 值及事後比較，詳見表 2-14。觀察表 2-14 的統計資料可知，不同學校規模之校長在韌性的差別，經由單因子變異數分析後，其差異未達 .05（P<.05）以上的顯著水準，亦即各組並未達顯著的差異。換言之，不管是在大型、中型或是小型學校服務的國民中小學校長在克服艱難、正向樂觀、資源支持、恢復活力及整體韌性上並沒有顯著之不同。

表 2-14
不同學校規模之校長韌性的平均數、標準差與變異數分析

構面	類別	樣本數	平均數	標準差	F 值	事後比較
克服艱難	(1) 小型	113	4.34	.43	.699	
	(2) 中型	83	4.38	.47		
	(3) 大型	47	4.47	.42		
正向樂觀	(1) 小型	113	4.40	.47	.247	
	(2) 中型	83	4.44	.54		
	(3) 大型	47	4.45	.48		
資源支持	(1) 小型	113	4.28	.52	.071	
	(2) 中型	83	4.29	.55		
	(3) 大型	47	4.25	.51		
恢復活力	(1) 小型	113	4.09	.46	1.316	
	(2) 中型	83	4.16	.60		
	(3) 大型	47	4.23	.48		
整體韌性	(1) 小型	113	4.29	.39	.382	
	(2) 中型	83	4.32	.47		
	(3) 大型	47	4.35	.40		

　　韌性係指個人面對逆境與挫折壓力下，激發所具有之內在潛能或特質，同時運用內外相關資源，而能克服困境及恢復活力，並能蛻變成長而往更為積極正向的發展，在新世紀的教育環境下，校長更需要培養此一具心理優勢的韌性素質。經由本研究之系統性探究，總的說來，本研究所建構發展之校長韌性量表具有良好的信度及效度，根據此量表本研究進一步發現目前國民中小學校長有良好之韌性表現，本研究發現呼應了王鴻裕與江志正（2012）的研究結果，這樣的研究結果對於國民中小學教育是令人感到高興的現象，表示國民中小學教育領導者能面對辦學挑戰，且能正向樂觀及充滿活力，不輕易退卻並能

在逆境中成長，同時在遇到辦學困難時亦能主動尋求資源支持。此外除了不同性別及年齡在部分層面有顯著差異外，整體觀之，不同背景變項在校長韌性並沒有顯著差異，此一發現可以推論韌性是一種內在的心理素質，是較屬於主觀認知與心理反映，故與外在條件與環境沒有絕對的關聯。

伍、結論與建議

韌性是教育領導者所應重視的議題，此乃新世紀教育領導者面對教育環境的轉變及教育利害關係人的多元期待，使得校長必須具備克服困難、正向樂觀，並懂得如何尋求支援及支持，且能在挫折中恢復活力。本研究係以桃園市、新竹縣、新竹市、苗栗縣所有公立國中及國小學校校長為研究對象，以回收 243 份之校長問卷實施統計分析，本研究獲得的主要結論如下：(1) 為建立信效度，本研究經由韌性之相關理論編擬校長韌性量表之初稿，接著藉由專家效度、問卷的施測、探索式因素分析與信度之考驗，本研究所建構發展的國民中小學校長韌性量表具有良好的信效度，對於後續研究者在探究校長或教育人員韌性可參考本量表之內容；(2) 概括而言，國民中小學校長具有頗高的韌性，也就是說國民中小學校長在克服艱難、正向樂觀、資源支持及恢復活力等面向均有良好的表現，其中以正向樂觀表現最佳，此外本研究也發現校長韌性各構面呈現正相關；(3) 觀察不同背景在校長韌性的差異情況，整體說來，不同背景變項於校長韌性上並沒有明顯之差異，惟年齡愈大的校長韌性顯著高於年齡較輕者，女性校長比男性校長在正向樂觀及資源支持構面上顯著較佳。

校長韌性是當今領導者必備的心理優勢特質，根據前述的結論發現，本研究提出以下建議以供教育行政機關、教育領導者及教育人員

之參考：

一、肯定國民中小學校長的韌性表現

　　本研究統計分析結果發現國中小學校長具有良好的韌性，是以我們應該肯定校長愈挫愈勇的韌性表現，在艱辛的教育現場仍然保持韌性，而過去的實證研究也發現個體韌性愈高，則較能表現正向的情緒及幸福感，由此吾人可以據此推論，國民中小學校長應具有樂觀積極的工作態度及情緒狀態，故應肯定國民中小學校長之韌性表現。

二、培養克服艱難、正向樂觀、資源支持及恢復活力之校長韌性特質

　　本研究所建構之校長韌性具有理想的信度及效度，內涵包括克服艱難、正向樂觀、資源支持及恢復活力等四個構面，因此建議校長及教育人員在教育工作上可多培養韌性心理特質，面對辦學壓力能更加堅強，看見事情希望的一面，遇到困難知道尋求支持，且不會因打擊而長期心情沉悶並能盡快恢復活力。此外，本研究結果也顯示年齡較大的校長比年齡較年輕之校長的恢復活力較佳，因此建議較年輕的校長能多培養復原力。再者，本研究也發現男性校長在正向樂觀及資源支持方面顯著低於女性校長，是以建議男性校長能多看待事情希望及正向的一面，並在遇到辦學困難時多主動諮詢資深校長或尋求支持。

三、校長培育課程可融入韌性及復原力的相關課程

　　個人的成敗往往決定於個人面對逆境的態度，在新世紀的教育環境及少子女化下，校長面對巨大的辦學挑戰更需要培養韌性之心理資本，才能承擔更多的重責大任，因此建議國民中小學校長培育課程中可融入韌性及復原力的培育，例如學習如何運用保護因子及面對危險

因子等。

四、對未來研究的建議

　　本研究對象為國民中小學校長，將來研究對象可擴大到大專院校長、高級中學校長或幼兒園，並可探析比較不同教育階段教育領導人在韌性或復原力的表現情況，在研究變項方面則可適切加入校長韌性的相關前因及後果變項，例如校長韌性對辦學績效的影響情形，這對於了解校長的韌性可有更為全貌之探究。

參考文獻

中文文獻

于肖楠、張建新（2005）。韌性（resilience）——在壓力下復原和成長的心理機制。**心理科學發展，13**(5)，658-665。

王昭琪（2005）。**生活壓力、憂鬱經驗與青少年復原力之相關研究**。國立暨南國際大學輔導與諮商研究所碩士學位，未出版，南投縣。

王榮輝譯（2015）。**韌性：挺過挫折壓力，走出低潮逆境的神祕力量**。C. Berndt 原著。臺北市：時報。

王鴻裕、江志正（2012）。臺中市國民小學校長復原力之研究。**教育理論與實踐學刊，26**，31-70。

白倩如、李仰慈、曾華源（2014）。**復原力任務中心社會工作——理論與技術**。臺北市：洪葉。

朱森楠（2001）。一位國中中輟復學生的復原力及相關因素之探討研究。**新竹縣教育研究集刊，創刊號**，171-202。

何佳玲（2011）。青少年復原力之論述與建構。**研習資訊，28**(3)，107-111。

利翠珊（2006）。華人婚姻韌性的形成與變化：概念釐清與理論建構。**本土心理學研究，25**，101-137。

吳清山（2013）。學業復原力。**教育研究月刊，232**，131-132。

宋麗玉、施教裕（2009）。**優勢觀點：社會工作理論與實務**。臺北市：洪葉。

李依珊、江志正、李翊萱（2009）。變革時代中論學校領導者的復原力。**學校行政雙月刊，62**，202-220。

李俊良（2000）。復原力對諮商的啟示。**輔導季刊，36**(3)，32-36。

李政賢譯（2011）。**正向心理學**。Steve R. Baumgardner 與 Marie K. Crothers 原著。臺北市：五南。

李秋涼（2012）。**弱勢家庭國中生堅毅特質、社會支持與復原力之研究**。國立彰化師範大學教育研究所，未出版，彰化市。

李新民（2009）。幼兒教師的心理資本及其與工作表現的潛在關聯。**幼兒保育學刊，7**，1-24。

李新民（2010）。**正向心理學在學校教育的應用**。高雄市：麗文。

李新民、陳密桃（2008）。職場希望信念與職場復原力、組織美德行為之潛在關聯：以幼兒教師為例。**當代教育研究季刊，16**(4)，155-198。

林志哲（2007）。發現復原力──一個來自心理脈絡的觀點。**輔導季刊，43**(1)，1-8。

林育陞（2015）。社會工作「正向」理論與實務──以復原力為例。**社區發展季刊，150**，304-316。

林東龍（2014）。從男子氣概分析男性口腔癌存活者的韌性形成過程。**臺大社工學刊，30**，139-186。

洪慧芳譯（2005）。**挫折復原力**。Robert Brooks 與 Sam Goldstein 原著。臺北市：天下雜誌。

張淑慧（2007）。中輟輔導的思考──談中輟少年的復原力。**中等教育，58**(5)，56-73。

張維揚（2013）。**國中特教教師復原力與幸福感之研究**。國立臺北教育大學特殊教育學系碩士論文，未出版，臺北市。

連雅棻、黃惠滿、蘇貞瑛（2007）。社區獨居老人人格韌性、社會支持與生活滿意度相關性研究。**長期照護雜誌，12**(1)，161-178。

陳佳雯、許伊均、陸洛、吳詩涵（2011）。以韌性觀點探討女性主管的職業生涯歷程。**彰化師大教育學報，22**，51-71。

陳儷今（2011）。全中運羽球選手運動心理堅韌性與競賽壓力因應策略之研究。**嘉大體育健康休閒期刊，10**(3)，132-140。

彭心怡、洪瑞斌、林俊宏、劉淑慧（2013）。生涯韌性之概念初探：生涯敘說

文本之次級資料分析。**台灣心理諮商季刊，5**(1)，17-43。

曾文志（2013）。經濟弱勢大學生的敘事認同與復原力的關係研究。**教育與心理研究，36**(4)，1-26。

黃德祥（2008）。弱勢學生復原力的培養與輔導。**教育研究月刊，172**，53-65。

楊秀宜、卓紋君（2012）。從後現代觀點看暴力犯罪青少年——正向力量與復原力的引發。**中央警察大學警學叢刊，43**(1)，67-86。

詹雨臻、葉玉珠、彭月茵、葉碧玲（2009）。「青少年復原力量表」之發展。**測驗學刊，56**(4)，491-518。

廖治雲（2011）。**經濟弱勢家庭的親職壓力：社會支持與親職韌性的影響**。輔仁大學兒童與家庭學系碩士論文，未出版，新北市。

廖貴貞（2009）。由發展性資產與復原力淺談輔導學生之具體策略。**教師之友，50**(4)，75-82。

蔡進雄（2009）。**國民中小學校長領導之研究：專業、情緒與靈性的觀點**。臺北市：高等教育。

蕭文（1999）。災變事件前的前置因素對心理復健的影響——復原力的探討與建構。**測驗與輔導，156**，3249-3254。

蕭佳純（2015）。教師人格特質、復原力與創意教學關聯之研究：多層次調節式中介效果的探討。**特殊教育研究學刊，40**(1)，85-115。

蕭佳純、郭怡慧（2014）。國民中學教師工作壓力與職業倦怠關聯之研究：教師復原力與學校支持之調節效果。**中正教育研究，13**(1)，121-164。

戴芳台（2014）。捲土重來：教師復原力之個案探究。**教師專業研究期刊，7**，1-25。

藍婉寧（2014）。**大專運動員之復原力、流暢經驗與焦慮**。臺北市立大學運動科學研究所碩士論文，未出版，臺北市。

英文文獻

Allison, E. (2012). The resilient leader. *Educational Leadership, 69*(4), 79-82.

Egeland, B., Carlson, E., & Sroufe, L. A. (1993). Resilience as process. *Development and Psychopathology, 5*(4), 517-528.

Farmer, T. A. (2010). *Overcoming adversity: Resilience development strategies for educational leaders*. (ERIC Document Reproduction Service No.ED512453)

Jones, G,, Hanton, S., & Connaughton, D. (2002). What is this thing called mental

toughness? An investigation of elite sport performers. *Journal of Applied Sport Psychology, 14*, 205-218.

Kobasa, S. C. (1979). Stressful life events, personality, and health: An inquiry into hardiness. *Personality Social Psychology, 37*(1), 1-11.

Luthans, F., Luthans, K. W., & Luthans, B. C. (2004). Positive psychological capital: Beyond human and social capital. *Business Horizons, 47*(1), 45-50.

Luthar, S. S., Cicchetti, D., & Becker, B. (2000). The construct of resilience: A critical evaluation and guidelines for future work. *Child Development, 71*(3), 543-562.

Masten, A. S. (2001). Ordinary magic: Resilience process in development. *American Psychologist, 56*, 227-238.

Masten, A. S., Best, K. M., & Garmezy, N. (1990). Resilience and development: Contributions from the study of children who overcome adversity. *Development and Psychopathology, 2*, 425-444.

Patterson, J. L., & Kelleher, P. (2005). *Resilient school leaders: Strategies for turning adversity into achievement.* Alexandria, VA: Association for supervision and curriculum development.

Turner, S. G. (2001).Resilience and social work practice: Three case studies. *Families in Society, 82*(5), 441-448.

von Eye, A., & Schuster, C. (2000). The odds of resilience. *Child Development, 71*(3), 563-566.

Walsh, F. (2006). *Strengthening family resilience.* New York: The Guilford Press.

Werner, E. E., & Smith, R. S. (1982). *Vulnerable but invincible: A longitudinal study of resilient children and youth.* New York: McGraw-Hill.

（本文 2018 年曾發表於《教育科學期刊》，第 17 卷第 1 期，頁 85-111。）

第二篇

中觀篇

——組織層次

第三章

從學校效能到學校改進之探析：兼論無靈魂的評鑑

壹、前言

　　學校治理與經營應是不斷改進的過程，是故學校的教學或行政系統應隨時掌握教育需求的變動，持續不斷地檢討及重新規劃，不斷地找出推行的障礙和可行的解決方案並加以改善（張家宜，2002）。概括地說，學校經營大致可從穩定維持、漸進改進與轉型突破三種模式來觀照，就穩定維持而言，係指保持某種的標準表現，或維持及傳承現況。漸進改進則是指學校累積式的進步成長，國內學校經營大多是在既有基礎上，擬訂短中長期校務發展計畫，採漸進方式辦學。至於學校之突破或創新轉型，則需要更多動能加入及學校經營策略的調整，才能產生跳躍式的轉變，例如因少子女化及社會環境的變遷，許多私立高級職業學校所設類科常必須適時調整或突破轉型，否則不易吸引學生前來就讀。質言之，學校經營常融合穩定維持、漸進改進與轉型突破三種模式，穩定維持學校正常運作比較容易，漸進改進則要投入相當的心力，才易見到成效或改變，至於轉型突破則是更需要智慧的判斷、魄力及對教育的熱情，甚至是狂熱。

　　基於上述，茲因大體說來學校治理與經營是點滴工程，學校

漸進改進模式是多數學校採用的方式與策略，且學校改進（school improvement）已逐漸取代學校效能（school effectiveness）之探討（Hargreaves, 1994），改進學校是由內部開始的（improving schools from within）（Barth, 1990），Goodlad 也曾剴切呼籲以更新（renewal）來取代改革（reform），他指出改革意味著學校沒有能力、學校做錯事、學校必須受外人指揮來改變，而更新則是認為每一個學校基於知識、基於自己探究出來的問題、自我導向地進行改變（梁雲霞譯，2008），由此可見，重視改善及更新過程的學校改進議題更值得我們深入探討。基於上述，本文聚焦探討學校改進的相關面向，首先分析學校效能與學校改進的差異，其次說明學校改進、學校變革與學校效能的關係，接著探討學校改進的策略與思維，以及評析無靈魂的評鑑與學校改進的關係，以供學校行政領導者之參考。

貳、學校效能與學校改進的意涵與差異

對於學校經營為何要從學校效能轉移到學校改進，應先探討學校效能與學校改進的意涵及差異。進一步而言，由於學校效能與學校改進常一併被討論，剖析學校效能與學校改進兩者的意涵與差異，有助於了解為什麼學校治理要由學校效能轉移為學校改進的探究。關於學校效能的定義，吳清山（1998）認為學校效能是指一所學校在各方面都有良好的績效，包括學生學業成就、校長領導、學校氣氛、學習技巧策略、學校文化和價值，以及教職員發展等，因而能夠達到學校所預訂的目標。蔡進雄（2000）提出學校效能是指學校在教育目標達成的程度，它包括行政溝通、環境規劃、教師工作滿意、教師教學品質、學生行為表現、學生學習表現、家長與學校關係等方面之表現程度。關於學校改進的意涵，Van Velzen、Miles、Ekholm、Hameyer 與

Robin 於 1985 年指出學校改進是一種系統而持續的努力，旨在改變校內之學習環境及其他相關的內部環境，最終能讓學校更有效地實現教育目標，學校改進可視為學校變革（school change）的一種策略（梁歆、黃顯華，2007）。Hopkins、Ainscow 與 West（1994）表示學校改進是一種不同的教育變革途徑，以提升學生學習成效及強化學校管理變革能量；學校改進是透過聚焦在教與學以提升學生學習成就，且在促進優質教育的時代裡，不會盲目接受中央政府的官方命令。

　　了解學校效能與學校改革的意涵後，學校效能與學校改進的差異值得我們進一步探析。Reynolds 等人（1996）曾剖析學校效能與學校改進的差別，表 3-1 即是學校效能與學校改進兩者不同關注面向的分析，概要地說，學校效能重視目標的達成，而學校改進關心改善的過程，學校效能是靜態的，學校改進是動態的。換言之，學校效能比較是屬於總結性的，而學校改進是屬於形成性的，兩者對於學校經營而言，都是重要且不可或缺的，良好的學校改進策略有助於學校效能的提升，而學校效能的檢視也可提供學校改進的方向。

表 3-1
學校效能與學校改進

學校效能	學校改進
聚焦在學校	聚焦在個別教師或教師團體
聚焦在學校組織	聚焦在學校活動過程
數據導向及強調結果	較少進行實徵評鑑
量的取向	質的取向
缺乏如何實踐改變策略的知識	只關注於學校的改變
較為關注學生成果的改變	關注學校改進的過程多於其目的
較為關注在某一時間的學校情況	較為關注改變中的學校
以研究的知識為基礎	以教育工作者的知識為基礎
限制於結果為範圍	關注多元的結果

學校效能	學校改進
關注學校的效能	關注學校變得更有效能
靜態的	動態的

資料來源：Reynolds et al., 1996: 101。

　　此外，Creemers 與 Reezigt（1997）更進一步分析學校效能研究與學校改進研究的差異，也有助於我們更能深入了解兩者的差別。如表 3-2 所示，學校效能研究傾向以科學化、理論化的取向判斷學校，但學校改進研究則集中於如何幫助學校面對變革及進行改進計畫（趙志成、何碧愉、張佳偉、李文浩，2013）。學校效能與學校改進兩個專門研究無論在定向、方法及理論的取向，都存在著極大的分歧，學校效能之研究者是渴望留在實證主義的架構內，而學校改進之研究人員則寧取質性的研究立場，也不採用評鑑立場（黃婉儀、馮施鈺珩、吳國志、陳壟譯，2002），不過如前所述，學校效能與學校改進兩者對於學校發展來講都是不可或缺，且可以相輔相成的，至於整合的方向可以是將彼此研究成果或實務運用情形進行對話與印證。

表 3-2
學校效能研究與學校改進研究的差異

學校效能研究	學校改進研究
（重視）學校改進效能	（重視）創新改革項目
無時間限制	須即時行動
關注理論及其解釋	關注變革和解難
尋覓具體的效能	應對變革的目標和方法
尋覓客觀知識	處理主觀知識
嚴格的研究方法和分析架構	以設計 / 發展為主導而不是以評估為主
關注學生的學習與課室情況	擴展不同的影響因素和參與者

資料來源：引自趙志成、何碧愉、張佳偉、李文浩，2013：3；Creemers & Reezigt, 1997: 399。

參、學校改進、學校變革與學校效能的關係

　　研究領域中的學術用語經常不是十分精確，變革（change）、改進（improvement）、改革（reform）這些詞常可以互用（王如哲等譯，2004），而檢視國內之教育行政相關文獻，可以發現過去長期以來，國內對於學校效能、學校變革（school change）、學校革新（school reform）及學校創新（school innovation）的探討較多，而對於學校改進的研析較為缺乏。但我們若仔細思量便可以得知，學校原本就是需要持續不斷改進、改善過程，且學校改進是學校進行變革的重要基礎，無法進行校內改進的學校就沒有動能進行較為巨大的學校變革，也無法有卓越的學校效能之表現，是故學校改進應該要獲得更多的關注。事實上，探究學校改進之內容並加以靈活運用，對於教育領導者在治理校務將會有更多的啟發及指引策略。為使學校改進、學校變革及學校效能三者關係脈絡更為清楚，筆者進一步繪圖如圖 3-1 所示，也就是說，學校變革與學校改進彼此互為影響，學校變革會影響學校改進的方向，而學校改進是學校變革的基礎，且兩者的目的都是為了高學校效能的達成。

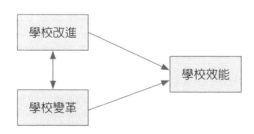

圖 3-1　學校改進、學校變革與學校效能三者關係

肆、學校改進的策略與思維——如何讓學校變得更好?

　　Louis、Toole 與 Hargreaves 指出檢驗七個與學校改進研究及實務有重要啟示的核心問題,值得參考,引述如下(王如哲等譯,2004):問題一,我們如何評鑑學校改進的成果;問題二,界定學校改進的終點;問題三,選擇學校改進的方法;問題四,學校改進問題頑劣的本質;問題五,學校是動態且不穩定的變革環境;問題六,發展應付頑劣問題的解決方法;問題七,重新裝配學校研究知識的需要。而從事教育工作者我們更常問兩個問題,第一個問題是什麼教育活動及措施最能讓學生受益?第二個問題是如何才能比現在做得更好?第一個問題是在於學校教育對於學生學習成效的影響,此乃高效能學校的重要表現指標,第二個問題則是關注教育改革與學校改進在學校的實施(趙志成、何碧愉、張佳偉、李文浩,2013),準此,第一個問題是注重結果,而第二個問題則是關注過程(趙志成、何碧愉、張佳偉、李文浩,2013)。

　　學校改進(school improvement)是一種系統而持續的努力,旨在改變校內之學習環境及其他相關的內部環境,最終能讓學校更有效地實現教育目標。學校改進可視為學校變革(school change)的一種策略(梁歆、黃顯華,2007),是故我們應該跳脫學校效能(school effectiveness)的框架,進行學校改進。針對學校改進的思維敘述如下(趙志成等,2013):(1) 從探究學校效能的領域解放出來,轉移為從學校改進的領域看問題,不只是問為什麼(why)還提出如何做(how)。(2) 從單一或數個改進模式,轉為分析學校本位的改進個案,並體會到每所學校的獨特性及條件的差異;換言之,沒有一套放諸四海而皆準的「學校改進方程式」,因為影響學校改進的因素繁多,故有效的學校改進策略應該是以學校為本位進行分析的。(3) 從

尋找量化數據及指標來作為改進憑證，進而以多角度分析學校效能，包括質性研究及多元評鑑。(4) 以政策推動及專家帶領的由上而下模式對學校改進固然重要，但學校的持續改進必須要有機會讓校內各利害關係人有更強的協作（collaboration），從尋找改革專家轉為尋找改革團隊。(5) 學校改進的層面應由「點」（即教師個人成長）到「面」（即學校整體努力），也就是說從倚靠高能量教師的發揮，轉為發揮團隊綜效。

　　楊振昇（2006）亦陳述在組織發展的步驟應重視凝聚組織成員的危機意識、察覺與診斷組織內外部問題所在、建立堅強組織發展團隊、蒐集與分析學校相關資料、重視專家諮詢過程、進行資料回饋、研究提出組織發展方案、採取行動階段以及評鑑組織發展之結果等。

　　綜合上述，茲從「了解各校的差異性」、「進行校務研究」、「重視更多的協作」、「強調全面性的發展」、「善用學校改進的20-60-20法則」、「聚焦於學生學習的改進」、「運用大齒輪、中齒輪與小齒輪的連動關係」、「發揮高槓桿原理」、「兼顧微觀與宏觀的校長領導」等九方面闡述學校改進的具體策略與方式如下：

一、了解各校的差異性

　　學校改進應是有機式的改變取向，提供基本理念及方向，具體如何做應該由學校自行發揮，而機械性的改進取向並不考慮學校間的差異，假設各校的情況是一致的（趙志成等，2013），可見有效的學校改進應是有機式的改變取向，是故我們必須要承認每個學校因環境背景的不同，所面臨的問題及挑戰是不一樣的，最常見的作法是進行優勢、劣勢、機會點及威脅點分析，藉此尋找學校的問題並加以改善解決。因此，在提出學校改進策略時，應先分析學校的狀況與問題所在，而不是以一套放諸四海而皆準的作法去套用於各校。舉例來說，趙志成等人（2013）曾分析弱勢中學、中等中學與強勢中學之學校改

進方向的差異，相當值得參考，分述如下：

1. 學生學業成績偏低及學校所處區域不佳的弱勢中學之校本改進策略為：(1) 引入新的領導風格，團結團隊；(2) 以立竿見影的行動計畫建立變革的氣氛和能量；(3) 以一校多制促成新舊過渡；(4) 加強關愛氣氛，讓學生愛上學；(5) 讓學生重拾學習信心和動機，製造豐富的學習環境；(6) 改變評量模式；(7) 增強教師教學能量。

2. 穩定狀態及學生程度不算差亦不太突出的中等中學之校本改進策略為：(1) 強化領導角色；(2) 建立學校自我探索機制，找出發展的突破點；(3) 有計畫地提升教學效能；(4) 促進教師之間的專業討論。

3. 學生成績已經超過一般水準的強勢中學之校本改進策略為：(1) 賦權承責，重塑學校文化；(2) 改變傳統教學範式；(3) 加強教師專業協作；(4) 重新檢視現行的訓輔政策。

此外，又如國內國民小學之校園文化情況，學校領導者宜視學校規模情況採不同情理法的比例，如果是大型學校的國民小學，因人員較多，故宜多運用制度化來領導，而以理情為輔，在小型或偏鄉的國民小學，因人數較少易溝通且也容易營造家的感覺，故可在法規之下多採理情來治校。

綜言之，雖然各校教育目標相當一致，都是為了培育下一代，然學校改進應考量各校的脈絡性及差異性，實踐學校為本位的學校改進策略，否則東施效顰，事倍功半、效果不彰。總之，如何分析規劃客製化的學校改進措施及方案值得教育領導者深思。

二、進行校務研究

誠如前述，各校的問題不一，沒有一套放諸四海而皆準的學校改進策略，在分析學校的問題及解決問題方面，校務研究（institutional research）值得參考。所謂校務研究是對個別學校的研究，校務研究不僅適合於高等教育，對於中小學經營也有其價值性，因為研究自

己，才能超越自己，也就是說學校想要自我超越，就必須先研究個別學校的情況與問題（蔡進雄，2015a）。換言之，由於學校間的獨特性，各校的優勢及問題也是不一，故進行校務研究應先剖析學校的問題，進行系統性的研究並提出相對應的問題解決策略，另外各類教育資料庫及大數據都可以善加利用。扼要言之，以學校為本位的學校改進作為及策略是學校因應內外部轉變的趨勢，而校務研究是精進校本學校改進的利器，值得教育人員之參考。

三、重視更多的協作

協作（collaboration）是在工作或學習中，與他人關係的連結，是與人相處的方式，尊重差異，分享知識（MITE6104 Learning Portfolio, 2015）。協作重視的是與他人的連結、尊重及分享，強調過程、互動關係及成員為中心（蔡進雄，2015b）。吳清山與林天祐（2011）曾從行政領導的角度指出協作領導（collaborative leadership）的要素包括合作環境、激勵學習、溝通機制、權力分享與共享願景。吳清山與王令宜（2011）也認為協作領導逐漸成為領導新取向並有其教育應用的意義。

目前校園內推動之教師專業學習社群的發展重點也是強調協作。值得一提的是，近年來倡導學校轉型領導，惟轉型領導過於強調領導者一人之力，偏向英雄式領導，有必要納入團隊及協作的力量（蔡進雄，2005，2015b），如此才能在學校改進過程中發揮更大的動能。

四、強調全面性的發展

倘若以點線面來看，有效的學校改進應是全面性的發展而不是單點的進步，也就是說不是僅有一、二位明星教師或行政人員的學校，而是教師及行政人員群星匯聚的學校，此乃全面性所產生的力量大於個別一、二位的力量。另一方面，學校的行政系統及教學系統雙軌道

也要一起發展，而不是行政有啟動，教學系統卻停滯未精進改善，易言之，學校改進應全面性的發展，而不是單點的發亮而已。謝傳崇（2014）也認為卓越的校長應與教師、家長、社區與外部團體建立密切聯繫，激發全面性之集體智慧，以提升學校能量。

五、善用學校改進的 20-60-20 法則

如前述，學校改進應是全員參與及進行全面性的發展，而動員方式與策略可以參酌「20-60-20」法則。任何組織都有所謂的「20-60-20」法則，第一個20%指的是不論公司狀況好壞都會努力工作的那群人，另一個 20% 是代表不論公司狀態好壞都是不斷消極批評的人，夾在中間的 60% 則是會看狀況變化的人（林文娟譯，2011）。準此，大致而言，對於學校改進，教師群中亦可分為 20% 是積極者、60% 是觀望者及 20% 是消極抗拒者。在帶領學校改革時，應以帶動前 20% 之積極者為首要著力點，俟種子核心教師及「領頭羊」教師浮現後，大部分的觀望者就會往積極面及改革方向靠攏，而消極者就無法產生負面影響力，進而亦會跟著大家一齊動起來，此時學校改進就會順勢發酵而達成所預定的目標。質言之，有效能的變革領導者會把重心放在支持的認同者，同時借力使力地幫助那些態度開明，但前進速度不夠快的人加把勁，並學著不再白廢唇舌說服那些不相信的人（許妍飛譯，2015）。因此，吾人進行學校改進可以善用「20-60-20」法則，以使立意良善的改進措施，由於此一策略的運用而獲得較佳的成效。

六、聚焦於學生學習的改進

學校改進一直以來最令人困惑的問題是如何在教與學的實質核心做出變革，也就是說教師在班級裡真正做什麼。常見有一大堆的學校改進活動，最後卻與學生學習的改進無關（王如哲等譯，2004）。事

實上，卓越的校長是密切關注於學生的學習並確保教師在課堂裡有良好的教學活動（謝傳崇，2014）。具體而言，學校是以教與學為核心任務的服務性組織，任何學校改進措施都應直接或間接讓學生受益，並以學生最大的利益為考量，這樣的思惟與理念是教育界的共識，也是教育工作者奮鬥努力的最終目的與使命。

七、運用大齒輪、中齒輪與小齒輪的連動關係

如果以大齒輪來比喻以校長為首的學校行政團隊，以小齒輪來比喻學校的教師群，則學校之行政大齒輪應該來帶領學校教師團隊之小齒輪往前邁進。事實上，學校雙系統之行政與教學間，在進行各項學校改進時，普遍來看大都是行政來帶動教師進行學校改進，由此可見，學校行政領導者及各處室對學校發展及變革的重要性。此外，吾人亦可發現，學校行政人員與教師間如果能建立信任關係，則是兩個齒輪間很好的潤滑劑，反之，行政與教師缺乏信任關係則各項學校改進措施是不易滾動與落實的。另一方面，我們也發現倘若該校教師文化相當優質且積極，則反過來教師會扮演大齒輪的角色來帶動行政系統的前進，例如由下而上之教師專業決定或教師參與，反而是督促學校行政的動力。

值得一提的是，在學校行政之大齒輪與教師教學群之小齒輪間，教師之「領頭羊」常常扮演中齒輪的角色，而使行政與教師間的連動及互動運作更為順暢，是故在學校改進過程中不可忽略「領頭羊」教師的挖掘與培養。

八、發揮高槓桿原理

阿基米德曾說：「給我一根足夠長的槓桿和一個強大的支點，我就可以移動地球。」所以要發揮槓桿效果，策略家必須察覺可以集中精力和資源效益的支點，把努力集中在少數或有限的目標，往往獲益

更大，這便是找到關鍵支點與集中力量的回報（陳盈如譯，2014）。爰此，所謂高槓桿原理是指如果找到關鍵的支點並加以集中施力，就可以用最少的投入獲得最大的產出。是以吾人在學校改進過程，不管是透過校務研究、SWOTS分析或專家諮詢等，應該努力去找尋學校的關鍵支點並集中力量加以施力，將可獲得預期效果。簡言之，教育領導者並非盲目從事學校改進，應找出改進的重點或目標，之後再加以貫徹努力，才易顯現辦學績效。

此外，教育政策也倡導運用高槓桿政策行動策略，也就是說當教育當局掌握好政策槓桿點，設定政策執行之重點項目及了解執行變因，則較有可能促進教育系統的改變（陳佩英、鍾蔚起、林國楨、高家徽，2012）。據此，學校改進運用高槓桿原理與行動策略的步驟有四，第一是先分析設定學校改進的優先順序目標，因為沒有改進的目標也就沒有改進的施力處；第二是執行相關方案，亦即為了實踐大目標，必須規劃各項方案並加以執行，否則是空談及紙上談兵；第三是掌握執行的變因及阻礙因素，並適時加以排除；第四是評估改進，執行之後必須進行評估並加以修正調整。綜言之，在學校改進過程中若能善用高槓桿原理與策略，將可發揮意想不到的改進效果。常見教育領導者花很大的力氣卻未見具體成效，其原因可能未能找到關鍵之支點及未集中力量於支點，故學校改進之高槓桿原理值得教育人員深思與運用。

九、兼顧微觀與宏觀的校長領導

校長專業領導可分為微觀之教室內領導與宏觀之教室外領導，微觀教室內領導是偏向學習領導，關注教師課程教學與學生學習，而宏觀教室外領導是偏向行政領導，關注學校內外部的經營策略與發展。

基本上，在學校改進過程中，校長應兼顧微觀與宏觀的領導，因為教師教學及學生學習是學校辦學的核心任務。爰此，校長不能忽略

教室內的領導。而宏觀的教室外領導更是校長領導角色異於教師領導之處，是故體察校內學校文化及外部環境變遷，尋找學校改進的有效辦學策略，且能將政策或願景加以轉化成爲具體作法的能力，並能統整相關教育資源，發揮更大的學校效能，是校長教室外之宏觀領導的重責大任。

　　整體來看，在學校改進過程，校長的微觀領導及宏觀領導兩者是可以相輔相成的，進行微觀之教與學領導時，也要同時了解外在科技時代之轉變及教育政策之動態，而進行宏觀之教室外領導時，也要體認任何一項學校改進及教育資源的引入，在在都是要促進學生的學習與成長。扼要言之，校長專業領導分爲教室內與教室外的領導，前者屬於學習領導，後者屬於行政領導，不論是學習領導或行政領導都是校長在進行學校改進過程的重要領導面向，宜加以兼顧。

伍、無靈魂的評鑑與學校改進

　　教育評鑑的目的主要有二，其一是改進，其二是證明，亦即透過教育評鑑可以讓學校得以改進，另一方面也可以證明學校的辦學績效是否達到預期目標。王保進（2013）指出過於強調績效責任導向的評鑑，對於教育品質的改善未能有顯著的助益，亦即將評鑑目的置於績效責任之確保，將不利於教育品質之改進與革新。王保進（2013）進一步表示，當評鑑的目的是辦學成果驗收或注重績效責任時，特別是評鑑結果與校長遴選或經費補助有關聯時，學校勢必盡可能掩飾學校經營的缺失及困難，以避免負面影響學校評鑑之結果，相反地，將評鑑的目的置於改進的取向，則難以判斷學校教育之績效與辦學成果。

　　綜觀國內目前中小學之各類教育評鑑，仍以績效責任爲主並以評鑑指標爲基礎進行評鑑。Hargreaves（2003）陳述標準化的結果可

能會形成無靈魂的標準化（soulless standardization），因此，過於強調評鑑指標的總結性教育評鑑也容易成為無靈魂的評鑑（soulless evaluation），且有其盲點與侷限。Hargreaves 和 Fink（2006）亦曾愷切指出標準化之教育改革取向的負面影響包括：(1) 窄化課程及破壞教室的創意；(2) 限制了具有創意精神的學校；(3) 鼓勵斤斤計較於分數；(4) 傷害教師自信與能力；(5) 增加壓力與離職；(6) 擴大對改革的抗拒等。

由於學校改進具有情境性及脈絡性，對於學校改進項目評鑑的研究與實踐仍得不到系統的發展，因此學校改進更應重視及發展學校改進項目及歷程的評鑑（趙志成等，2013），以使學校好上更好，而非僅是統一的總結性評鑑向度及指標。也就是說，倘若是為了學校改進，則各類教育評鑑應該著重落實於自我評鑑及質性評鑑，不應該過於強調結果之指標評鑑衡量，因為過度注重辦學結果的教育評鑑不會聚焦於學校改進的歷程，且學校會儘量掩飾缺點或迴避缺失。一言以蔽之，過於強調一致性標準的量化評鑑指標之評鑑看不到學校改進的過程，也看不到各校間背景條件的差異性及脈絡性，成為一種沒有靈魂的評鑑。

陸、結論

Goodlad 認為學校應當更為自我導向（self-directing），學校有關的人員必須發展一種促進更新的能力，並建立一套自我改進的機制（梁雲霞譯，2008），可見學校改進對學校發展的重要性。進而言之，學校效能是學校教育所欲達成的最終目標，而為了促進學校效能的達成必須要有不斷的改進過程，此乃學校效能的達成無法一次到位，需要長期持續的改進過程，亦即學校教育的目標達成並不是一觸

可及，而是要持續不斷地改善努力。由此可知，學校改進已逐漸取代學校效能之探究，故本文分析學校效能與學校改進的差異，並闡述學校改進的策略與思維，最後評析無靈魂的評鑑與學校改進的關係，以供教育行政之參考。

參考文獻

中文文獻

MITE6104 Learning Portfolio (2015). **Post4：協作 "Collaboration" 和 "Cooperation" 的分別**。取自：http://1010120060.blogspot.tw/2012/11/collaboration-cooperation.html

王如哲等譯（2004）。**教育行政研究手冊**。J. Murphy 與 K. S. Louis 原著。臺北市：心理。

王保進（2013）。自我評鑑潮流下反映辦學成效之評鑑項目設計。**評鑑雙月刊，42**。取自 http://epaper.heeact.edu.tw/archive/2013/03/01/5939.aspx

吳清山（1998）。**學校效能研究**。臺北市：五南。

吳清山、王令宜（2011）。協作領導的意涵及其在教育上的應用。**教育行政研究，1**(2)，1-29。

吳清山、林天祐（2011）。協作領導。**教育研究月刊，210**，117-118。

林文娟譯（2011）。**槓桿管理**。本田直之原著。臺北市：商周。

林清江（1982）。**教育社會學新論**。臺北市：五南。

張家宜（2002）。**高等教育行政全面品質管理理論與實務**。臺北市：高等教育。

梁雲霞譯（2008）。**一個稱為學校的地方：未來的展望**。J. I. Goodlad 原著。臺北市：聯經。

梁歆、黃顯華（2007）。從實施策略的視角簡述美國學校改進的發展歷程。**全球教育展望，8**，36-40。

許妍飛譯（2015）。**未來教育新焦點**。D. Goleman 與 P. Senge 原著。臺北市：遠見天下。

陳佩英、鍾蔚起、林國楨、高家徽（2012）。教育部高中優質化輔助方案之高

槓桿發展政策。**臺灣教育評論月刊**，**1**(11)，43-50。

陳盈如譯（2014）。**好策略‧壞策略**。R. P. Rumelt 原著。臺北市：遠見天下。

黃婉儀、馮施鈺珩、吳國志、陳璽譯（2002）。**組織效能與教育改進**。A. Harris、N. Bennett 與 M. Preedy 編。香港：香港公開大學。

楊振昇（2006）。**學校組織變革與學校發展研究**。臺北市：五南。

趙志成、何碧愉、張佳偉、李文浩（2013）。**學校改進：理論與實踐**。香港：香港中文大學。

蔡進雄（2000）。**轉型領導與學校效能**。臺北市：師大書苑。

蔡進雄（2005）。超越轉型領導：國民中小學校長新轉型領導影響教師組織承諾之研究。**國民教育研究集刊**，**13**，37-63。

蔡進雄（2015a）。精進中小學學校治理的新利器：校務研究（Institutional Research）。載於「**東吳大學 2015 年雙溪教育論壇第四屆全國學術研討會會議手冊**」。主辦單位：東吳大學師資培育中心。

蔡進雄（2015b）。教育連結理論的建構與發展。**臺灣教育評論月刊**，**4**(9)，78-82。

鄭燕祥（2001）。**學校效能及校本管理**。臺北市：心理。

謝傳崇（2014）。「國民小學校長永續卓越領導量表」之建構與衡量。**教育研究月刊**，**12**，73-91。

英文文獻

Barth, R. S. (1990). *Improving schools from within: Teachers, parents, and principals can make the difference*. San Francisco: Jossey-Bass.

Creemers, B. P. M., & Reezigt, G. J. (1997). School effectiveness and school improvement: Sustaining link. *School Effectiveness and School Improvement, 8*(4), 396-429.

Hargreaves, A. (1994). *Changing teachers, changing times: Teachers' work and culture in the postmodern age*. New York: Teachers College Press.

Hargreaves, A. (2003). *Teaching in the knowledge society*. Buckingham: Open University.

Hargreaves, A., & Fink, D. (2006). *Sustainable leadership*. San Francisco, CA: Jossey-Bass.

Hopkins, D., Ainscow, M., & West, M. (1994). *School improvement in an era of*

change. New York: Teachers College Press.

Reynolds, D., Bollen, R., Creemers, B., Hopkins, D., Stoll, L., & Lagerweij, N. (1996). *Making good schools: Linking school effectiveness and school improvement*. London: Routledge.

（本文 2018 年曾發表於《教育行政論壇》，第 10 卷第 2 期，頁 1-14。）

第四章

學校經營的新趨向模式探析：守破離及教育領導的三條路線

壹、前言

　　學校經營是探討學校整體效能與發展，思維層次有微觀及鉅觀，並以理論模式為基礎，以避免盲目摸索，此乃沒有理論模式為基礎的學校經營領導是淺碟的。另一方面，學校經營應該以學生學習為中心，考慮學生的最大利益，此為學校經營的絕對標準及核心價值。惟學校經營模式與策略宜隨時空不同而有所調整，亦即學校經營模式與領導應該與時俱進，不能一成不變。

　　質言之，隨著時代潮流及社會的變遷，學校經營模式宜有所調整與轉變，原則上學校經營的本質不變，但學校經營的模式與方法策略卻要因應情境而有所改變。循此，以下就「做得更好、做出差異模式與學校經營」、「守破離模式與學校經營」、「KPI、OKR 模式與學校經營」等闡明探析不同學校經營模式新趨向，並兼論教育領導的三條路線及分析教育領導人與教師的關係，以供教育領導人之參考。

貳、做得更好、做出差異模式與學校經營

　　做得更好（do things better）與做出差異（do things different）是不同的經營模式（張志偉，2008），前者是在乎努力，強調好上加好、好還要更好，屬於內部事務的精進，問的是如何做得更好；後者是關於方向，強調策略、差異與特色，屬於體察外部競爭環境，問的是要做什麼。

　　就學校經營來看，做得更好與做出差異或做出新的（do things new）兩者應兼顧，尤其是國民中小學是義務教育階段，有學校同形化的現象（蔡進雄，2013），所以學校經營有一大部分是要把既有的核心任務做得更好，例如教學品質就是要好上加好，但因為外在環境改變，學校領導者還要體察外部環境變遷及教育市場化趨勢，爰此學校必須做出差異與課程特色，才能吸引更多學生前來入學就讀。以下就「人無我有」、「人有我優」與「人優我轉」、互易領導與轉型領導、改進與變革、「鳥眼」與「蟲眼」、全面品質管理與策略管理等，進一步闡述做得更好及做出差異，並彙整歸納如表 4-1。

表 4-1
做得更好與做出差異比較

做得更好	做出差異
好上加好、好還要更好	特色
努力、精進	方向、策略
內部	外部
人有我優	人無我有、人優我轉
互易領導	轉型領導
改進	變革
蟲眼	鳥眼
全面品質管理	創新管理、策略管理

一、「人無我有」、「人有我優」與「人優我轉」

從「人無我有」、「人有我優」、「人優我轉」三個面向觀之，「人有我優」是做得更好的作法，「人無我有」及「人優我轉」是做出差異的作法。

二、互易領導與轉型領導

以領導來看，做得更好關注把事情做好（do things right），偏向互易領導（transactional leadership），而做出差異關心做對的事（do the right thing），偏向轉型領導（transformational leadership）（蔡進雄，2000；Bennis & Nanus, 1985）。

三、改進與變革

再以轉變程度而言，有改進（improvement）與變革（change）之分，改進之速度較慢、幅度較小，變革之速度較快、幅度較大。因為學校有諸多法令的限制，且學校效能改變不是一朝一夕可以促成的（蔡進雄，2018），故採學校改進方式是學校經營的常態，也是「做得更好」的展現，而學校變革是大方向、大幅度的改變，則較容易「做出差異」及「人無我有」的特色。

四、「鳥眼」與「蟲眼」

「鳥眼」是指像鳥飛在天空一樣，以較高位置俯瞰整體的觀點，「蟲眼」是指像爬在地面的小昆蟲一樣，能看見飛在天空裡的鳥所看不見的細節部分（蕭雲菁譯，2016）。爰此，「鳥眼」可比喻成見林不見樹之宏觀觀點，「蟲眼」可比喻成見樹不見林之微觀觀點，而展現「蟲眼」功能可將學校內部事務及行政流程做得更好、更完美，發揮「鳥眼」功能則可了解學校整體發展願景方向、做出差異。

五、全面品質管理與策略管理

如何做得更好，可以採全面品質管理的作法，強調顧客至上、事先預防、全員參與、品質第一、持續改善等（吳清山，2004）。做什麼以創造差異，則可以採創新管理與策略管理，不斷尋求創新並了解學校內外的脈絡條件及優劣勢，集中資源以創造差異與學校特色。扼要言之，學校教育經營要持續改進（continuous improvement）、做得更好，但同時又要進行變革、做出差異與教學課程特色，以使學校更具競爭力。

總括說來，學校領導者要能釐清環境、了解自己，才知道學校往哪裡去，並要不斷思考學校經營面對的問題與挑戰。而從學校領導人的角度來看，「做得更好」與「做出差異」的模式可靈活應用在學校經營與治理，以提升學校效能。

參、守破離模式與學校經營

守、破、離是日本茶道或武士道的修行步驟，首先第一階段是「守」，完全依照教師教的去做，接下來進入「破」，是加入自己的創意，稍加改變，或採納別人的優點，最後是「離」，拋開原有形式，孕育出屬於自己的特色。有些剛上任的領導者為了表示與前一任有差異，一下跳到「破」或「離」的階段，結果失敗了（侯詠馨譯，2018）。更確切地說，第一步是「守」，遵守基本原則，經過「守」的階段後，接下必須更上層樓，進入「破」與「離」的階段，「破」是加入自己所思所得的好點子、好經驗，突破既有思考框架，進一步擴展基礎，提升精神與技術；「離」代表開創出屬於自己的範本、模版，從依賴轉向獨立，自創新流派（方瑜譯，2016；鍾嘉惠譯，

2018；龔婉如譯，2013）。以工匠的成長階段為例，首先是守，跟著師傅學習，全力地吸收師傅所傳授的知識；其次是破，在師傅的形式中加入自己的想法；最後是離，指的是開創自己的新境界（陳曉麗譯，2015）。

　　基於前述，我們可以把守破離的概念轉化融入於國內中小學校長經營一所學校的歷程，可區分幾種模式值得我們進一步討論與思考。

一、守─破─離模式

　　第一是守─破─離模式，此種模式是遵循學校現況，了解學校各種條件情形、教師文化及師生表現（守），之後在既有基礎上，融入校長自己或各方的想法，突破既有框架（破），最後再進一步尋求學校特色建立及發展新境界（離）。

二、破─破─離模式

　　第二是破─破─離模式，此種模式的適用情況是如果領導者有足夠的權力及資源，且組織各利害關係人也期待領導者能有所改革，則可採用破─破─離模式。惟國內公立中小學校長的權力結構及資源有限下，基本上並不適合採用破─破─離模式，且直接以「破」切入，未與教師建立信任關係情況下，所進行各項學校教育變革，其成效往往有限，甚至衍生反效果。更確切地說，國內公立中小學校長有領導脆弱性之現象（蔡進雄，2020），不宜採破─破─離模式來經營治理學校。

三、守─守─守模式

　　第三是守─守─守模式，採用此種模式的學校領導者是採保守的心態，倘若學校本是卓越績優學校，則以此守─守─守模式治校，尚可持盈保泰，但若學校被期待要不斷向上追求卓越，則採守─守─守

模式會逐漸使學校流失競爭力，且校長以守成態度治校，也會間接影響行政團隊及教師團隊的前進動能。再者，學校經營大致有兩個面向，一是維持，二是發展，採守－守－守模式僅是維持現況，並沒有發展的企圖心。

四、離－離－離模式

第四是離－離－離模式，在國內公立中小學校長有領導脆弱性的情況下（蔡進雄，2019），直接採取離－離－離的治理模式，頗具有高難度。也就是說，初任校長接掌一所學沒有經過守與破的過程，而想要學校發展能建立獨創特色，其可能性較低，況且學校特色發展不是一朝一夕之間所能達成，需要一段時間的蘊釀、討論規劃與執行，故離－離－離模式並不是理想的治校模式。

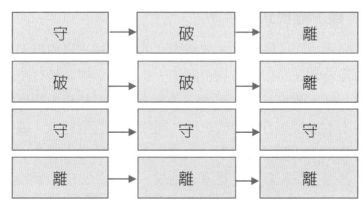

圖 4-1　不同守破離模式與學校經營

值得提醒的是，守、破、離三階段於學校經營的應用，並不一定是絕然劃分，例如校長剛開始接掌一所學校，可以「守」為主，輔以「破」，幾年後俟時機成熟或情境轉變就可聚焦於「離」，發展學校創新特色。此外，守、破、離與維持、發展、創新，亦頗能相呼應，亦即學校經營先維持、接著發展，最後顯現創新與特色。

肆、KPI、OKR 模式與學校經營

傳統上的組織考核機制通常是由上而下的模式，也就是說由上層訂定達成目標，然後依此目標來檢視成員是否能有效完成，來給予考核等第或獎懲，但這種由上而下的考核機制也容易衍生成員的競爭心態或者人際間負面態度如仇視，且成員沒有參與感，以及主管花很多時間在進行員工考核。為了避免這種情形，美國許多企業組織已在推動目標與關鍵結果（Objectives and Key Results，簡稱 OKR）。循此，以下首先說明 OKR 的內涵，接著分析比較 KPI 與 OKR 模式的差異，冀望能給予學校經營與績效管理有所啟發。

一、OKR 的內涵

目標與關鍵結果（OKR）可定義為一套嚴謹的思考框架，能確保成員緊密合作，把精力凝聚在可衡量之貢獻上，以協助組織成長（盧廷義，2019）。目標與關鍵結果（OKR）主要包含兩大部分，第一是目標：目標代表「什麼」（whats），是表達目標與意圖，且是可行的；第二是關鍵結果：關鍵結果代表「如何」（hows），是實現後有利於目標的達成。具體而言，OKR 就是體現在：O（什麼是最優先的？）＋ KRs（對目標，什麼是最關鍵的？）（姚瓊，2019），O 是質化指標，KR 則是量化指標（張嘉芬譯，2020）。值得提醒的是，目標與關鍵成果都是由主管與成員一起訂定出來的，且允許成員或團隊可以自訂自己的 OKR。一般而言，OKR 的制定由上而下與由下而上的比例約為 60%：40%（姚瓊，2019），惟應依組織屬性不同而略有差異。圖 4-2 是試舉某一美式足球隊總經理的 OKR 為例（許瑞宋譯，2019），目標是替球隊老闆賺錢，關鍵成果是贏得超級盃及主場入座率達 90%。

目標
替球隊老闆賺錢
關鍵成果
贏得超級盃 主場入座率達 90%

圖 4-2　足球隊總經理的 OKR

資料來源：許瑞宋譯，2019：101。

　　筆者也嘗試以學校組織為對象，初擬一例如圖 4-3，該校教務處所一起共同擬訂的目標是持續推動落實新課綱，關鍵成果有三項分別是增加教師研習 10 次、擴展 5 個教師新課程專業學習社群、在社會及語言學習領域融入學校特色發展。

目標
持續推動落實新課綱
關鍵成果
增加新課綱教師研習 10 次 擴展 5 個教師新課程專業學習社群 在社會學習領域融入學校課程特色發展

圖 4-3　某國民中學的 OKR

　　再試舉某私立高中負責招生部門的 OKR，如圖 4-4，該私立高中招生部門的年度目標是新生入學招生率持續成長，關鍵成果為到各國中招生宣導 20 次、印發招生宣傳手冊 1000 本、主動參與遴近國中小各項活動 30 次。

<table>
目標
新生入學招生率持續成長

關鍵成果
到各國中招生宣導 20 次
印發招生宣傳手冊 1000 本
主動參與遴近國中小各項活動 30 次
</table>

圖 4-4　某私立高中的 OKR

二、KPI 與 OKR 的差異

目標管理（KMO）、關鍵績效指標（KPI）及目標與關鍵成果（OKR）三者有所差異。目標管理是 1954 年由 Peter Drucker 所提出的基本概念，強調目標之重要性，而如表 4-2 所示，關鍵績效指標是在 1990 年由各學者專家結合目標管理及 80/20 法則等理論演變而來，目標與關鍵成果是 1999 年由英特爾（Inte）前執行長 Andy Grove 所提出的理論框架（盧廷義，2019）。

表 4-2
KPI 與 OKR 的差異

	關鍵績效指標（KPI）	目標與關鍵成果（OKR）
理論特色	由上而下分配績效指標，專注在結果	每個目標搭配 2 至 4 個關鍵成果，讓團隊了解要做什麼及如何做
理論發展年代	1990 年	1999 年
管理思維	控制管理	自我管理
優點	可督促員工完成任務	理論簡單易懂，以「由下至上」的方式，使團隊訂定每個人都願意執行的目標
缺點	為達績效指標，員工可能會不擇手段	須注意成員是否缺乏動力

資料來源：整理修改自姚瓊，2019：28；盧廷義，2019：10。

　　總的說來，目標與關鍵成果（OKR）的優點在於強調目標結果，同時也重視所欲達成目標結果的過程與方法，並且目標與過程方法大都是讓成員參與及共同訂定，如此成員將可知道組織的企圖願景目標，也知道如何達成的過程與方法，其甚至可以不與考核掛勾。而目標管理或關鍵績效指標是由上層訂定達成目標，成員就依組織目標努力達成，並沒有特別去提醒成員要如何達成。

　　長期以來，大家耳熟能詳的是關鍵績效指標（key performance indictors，簡稱 KPI），而 KPI 是「別人要我們做的事」，OKR 則是「我們自己想要做的事」（盧廷義，2019）。換言之，KPI 是由上而下的考核機制，而近年來愈來愈多的企業組織採取 OKR 的思考框架。筆者認為中小學頗為適合將目標關鍵成果機制導入學校行政系統，此乃由下而上，或由上而下與由下而上的交融互動，往往比純粹由上而下的考核機制產生更大的能動性。總結說來，OKR 運作機制值得學校校長有系統地來加以應用，將 OKR 靈活融入學校經營與績效管理，或者與 KPI 模式同時運用。質言之，OKR 可說是學校經營的創新作法與模式，值得加以嘗試應用。

伍、論教育領導的三條路線

　　前述探討學校經營的新趨向模式，接下來闡述教育領導的三條路線 [1]，並探析教育領導人與教師的關係。領導是影響力的發揮，故教育領導是對教育影響力的發揮，長期以來教育領導的理論與模式是眾多學者專家關注的重要議題（McEwan, 2003; Morrison, 2002; Sergiovanni, 2002）。以下從由上而下、平行及由下而上等面向，論

---

[1]　致謝：本文關於教育領導的三條路線部分受到臺師大卯靜儒教授的啟發。

述教育領導的三條路線，最後並陳述教育領導人與教師的關係。概括地說，教育領導有三條路線，第一條是由上而下，第二條是平行夥伴，第三條是由下而上，而爲能產生多元動能與連結開展，這三條路線必須兼顧交錯運用，詳述說明如下。

一、教育領導三條路線的內涵

教育領導三條路線的內涵、校長角色權力關係與權力距離，以及各自優點及侷限分析，如表 4-3 所示。

表 4-3
教育領導的三條路線與校長角色權力

	校長角色	權力運用	權力距離	優點及侷限
第一條 由上而下	管理者	法職權	校長與教師的權力距離大	效率高、依法行政可讓組織穩定但缺乏雙向溝通。
第二條 平行夥伴	協同者	專家權 典範權	校長與教師的權力距離小	靠專業領導及以身作則能贏得認同，但需要花更多時間陪伴同行及建立關係。
第三條 由下而上	支持者	資訊權	校長與教師的權力距離小	由下而上的教師領導較能持續，但自主自發之變革能動性強的教師不多。

（一）第一條路線

第一條路線是由上而下的縱軸路線，這條路線是以法職權力爲基礎，走的是管理路線，仰賴的是校長的法職權，校長的角色是管理者。此外，權力距離（social distance）小，表示人與人之間比較平等，反之，權力距離大，則意味著組織之上下級關係明確，講求人與人之間的距離和等級（陳曉萍，2010），顯然地第一條領導路線之校長與教師的權力距離比較大。第一條路線的優點是爲效率高、依法行

政可讓組織穩定，但其侷限為缺乏雙向溝通，且凡事依法組織運作容易僵化。

（二）第二條路線

第二條路線是平行的路線，靠的是彼此信任關係的建立，校長的角色是協同者。以校長的權力運作來看，這條路線的運作是要以專家權及典範權為基礎，如此教師才會追隨校長，校長也才能發揮影響力，例如 108 新課綱的推動，校長就需要以課程專業知能來帶領教師，發展校本課程及學校課程特色。此外，第二條領導路線下校長與教師是夥伴關係，是以校長與教師的權力距離比較近。而第二條路線的優點是領導者靠專業領導及以身作則，易能贏得教師認同，但其可能的侷限為需要花更多時間陪伴同行及建立信任關係。

（三）第三條路線

第三條路線是由下而上的路線，這條路線是教師自發型的力量，這時校長的角色就是支持者的角色，並提供資訊及資源。目前中小學自發型的教師力量及教師專業學習社群，第三條路線有愈來愈顯明之現象與趨勢。顯然地，學校的成功是很多行動者（actors）隨著時空不間斷及多元行動之結果（Tubin, 2015），故應鼓勵更多由下而上的教師力量。再者，因為第三條路線讓教師領導有很大的發展空間，爰此，校長與教師間之權力距離是小的。而第三條路線的優點是由下而上的教師領導較能持續，但其可能的侷限為自主自發之變革能動性強的教師不多。

整體說來，在國內公立中小學的教育環境下，校長有領導脆弱性之情形（蔡進雄，2020），故純然以第一條路線來運作，校務經營不一定能順利推展。而第二條路線是校長採取同儕式領導，並以身作則，且運用專業知能帶領教師共同攜手一起努力，基本上第二條路線

是教師較能普遍接受的路線。第三條路線是教師自發的力量，有些教師能動性強，足以發揮領導的功能，如果學校環境給予支持，則有助於形成優質教師文化。總之，學校領導人應體悟教育領導三條路線的意涵及啟示，值得提醒的是，這三條路線可以同時並存，此乃學校是雙重系統，包含行政系統及教學系統，教育領導人應既是管理者，也是協同者及支持者，可交錯運用。

進一步而言，基於教育領導的三條路線，多元動能可洞悉並指引後現代之學校領導。也就是說，學校的動能應該是多元開展的，「發動機」不純然是來自校長，教師常是動力來源，更確切地說，不同人在不同場域有不同的能動性，例如有些教師在新課程發展有能動性，有些教師在創意教學有能動性，而有些教師在行政領導有能動性，學校教育人員都可以在不同場域找到自己的動能，特別是在校園民主化下，學校之多元動能更容易啟發並啟動。

二、教育領導人與教師的關係

有人主張組織內人與人的關係是管理者與被管理者的關係，一些人認為組織內是合作關係，人和人是平等、合作的，每個人根據其職責，為完成任務而相互合作。然而其實組織內人與人之間應該是奉獻關係，上級與下級之間是相互付出、相互奉獻的關係，藉此組織才會真正存在並發揮作用（陳春花，2019）。

如果將前述組織內關係觀點轉化於教育領導人與教師關係，則持平地說，學校校長與教師的關係，既是管理者與被管理者的關係，也是合作夥伴關係，更是大家共同為學生學習、為學校效能發展的主動奉獻關係。具體而言，學校校長與教師的關係宜從管理者與被管理者提升至合作關係，甚至是主動奉獻關係，如果僅停留於管理者與被管理者的關係，則成員僅是依法行事，無法激發彼此的教育熱情。如表4-4所示，教育領導人與教師若視為管理者與被管理者關係，則教育

領導人是掌控者，教師是被動者；教育領導人與教師若視為合作夥伴關係，則教育領導人與教師均是合作者；而教育領導人與教師若視為主動奉獻關係，則校長與教師均會不斷思考如何成為學校發展之主動貢獻者。

表 4-4
教育領導人與教師的關係

	教育領導人	教師
管理者與被管理者關係	掌控者	被動者
合作夥伴關係	合作者	合作者
主動奉獻關係	貢獻者	貢獻者

綜合上述可知，如果回應「做得更好、做出差異模式與學校經營」、「守破離模式與學校經營」、「KPI、OKR 模式與學校經營」等不同學校經營模式新趨向，則不管是做得更好或做出差異，或是守破離模式、OKR 模式，在應用這些模式的同時，教育領導人都需要體悟教育領導三條路已逐漸轉移為平行夥伴及由下而上的領導路線，且宜與教師建立經營成為合作夥伴關係，甚至是主動奉獻關係。例如，校長經營學校要從守到破、離的境界，則不能完全採由上而下之權威領導、管理者與被管理者關係來帶領教師，而是更需要合作信任關係的建立。又例如，OKR 績效模式已融入由下而上的管理概念，是以教育領導人在領導教師方面，宜朝協同者、合作者及貢獻者的角色努力。

陸、結語

　　不論是學校經營或教育領導，均有其絕對與相對，以學生學習為中心是絕對的核心價值；另一方面，學校經營模式應該採相對觀點，亦即隨著時代環境變遷及教育情境轉移，而有不同的學校經營模式並能加以調適轉化，基於此，本文就「做得更好、做出差異與學校經營」、「守破離與學校經營」、「KPI、OKR 與學校經營」等不同模式加以闡明。總括而言，做得更好與做出差異是不同類型的學校經營趨向，學校領導人可依學校條件及情境交融應用，守破離模式則可提供校長於學校不同發展階段之經營新思維，另外 OKR 有別於 KPI，OKR 可說是學校經營與績效管理的新模式，可供教育領導人經營及治理學校之參酌。此外，本文也論述由上而下、平行及由下而上之教育領導三條路線，並闡明教育領導人與教師的關係，而倘若教育領導人與教師的關係能從管理者與被管理者關係、合作夥伴關係，提升到主動奉獻關係，則學校各種經營模式績效當會有更為優異的加乘表現，且展現出新教育領導力，而受益者將是眾多莘莘學子。

參考文獻

中文文獻

方瑜譯（2016）。**BCG 頂尖人才培育數**。木村亮示與木山聰原著。臺北市：經濟新潮社。

吳清山（2004）。**學校行政**。臺北市：心理。

侯詠馨譯（2018）。**聚焦思維**。田口力原著。臺北市：大樂。

姚瓊（2019）。**OKRs 執行力**（華人實踐版）。臺北市：方言。

張志偉（2008）。**智略趨勢──台灣第一國際品牌企業誌**。臺北市：御書房。

張嘉芬譯（2020）。**33 張圖秒懂 OKR**。Piotr Feliks Grzywacz 原著。臺北市：彩實。

許瑞宋譯（2019）。**OKR 做最重要的事**。John Doerr 原著。臺北市：遠見天下。

陳春花（2019）。**管理的常識：讓管理發揮績效的 8 個基本概念**。臺北市：日出。

陳曉萍（2010）。**跨文化管理**。臺北市：華泰。

陳曉麗譯（2015）。**匠人精神：一流人才培育的 30 條法則**。秋山利輝原著。臺北市：大塊。

蔡進雄（2000）。**轉型領導與學校效能**。臺北市：師大書苑。

蔡進雄（2013）。**教育領導研究：組織環境、領導者與被領導者探析**。臺北市：五南。

蔡進雄（2018）。從學校效能到學校改進之探析：兼論無靈魂的評鑑。**教育行政論壇，10**(2)，1-14。

蔡進雄（2020）。從校長領導脆弱性探析新課綱的變革行動：兼論領導的轉運力。**台灣教育研究期刊，1**(2)，183-198。

盧廷羲（2019）。從主管要求部屬做事，到員工自己提出想做的事。**經理人，21**，8-11。

蕭雲菁譯（2016）。**解決問題的特效藥：分類思考法**。鈴木進介原著。臺北市：臺灣東販。

鍾嘉惠譯（2018）。**東大生搶破頭都要修的「思考力」教室**。宮澤正憲原著。臺北市：臺灣東販。

龔婉如譯（2013）。**守‧破‧離**。的場亮原著‧臺北市：圓神。

英文文獻

Bennis, W., & Nanus, B. (1985). *Leaders: The strategies for taking charge*. New York: Harper and Row.

McEwan, E. K. (2003). *7 steps to effective instructional leadership*. Thousand Oaks, CA: Corwin Press.

Morrison, K. (2002). *School leadership and complexity theory*. London: Routledge.

Sergiovanni, T. J. (2002). *Leadership: What's in it for schools?* New York: Routledge.

Tubin, D. (2015). School success as a process of structuration. *Educational Administration Quarterly, 51*(4), 640-674.

（本文 2020 年曾發表於《臺灣教育評論月刊》，第 9 卷第 9 期，頁 54-65。原題目名稱為「學校經營的新模式探析：兼論教育領導的三條路線」。）

第五章
中小學校長教練式領導理論與實務演練：從師傅到教練

壹、前言

　　校長領導研究是教育行政的顯學，回顧整體校長領導研究的演變，倘若以一般領導理論觀之，最早期的校長領導研究是屬於特質論，特質論在於了解最佳的校長領導特質，然特質論過於靜態，且很難找出一組最佳的領導特質，因此校長領導研究轉而探析校長的外顯領導行為，最有名的領導行為是倡導與關懷之雙層面理論，且發現高倡導、高關懷是較佳的校長領導行為，惟行為論欠缺情境因素之融入，故有情境理論及權變理論之探究。而晚近轉型領導（transformational leadership）理論的興起，亦備受校長領導研究之矚目。而顯然地，上述校長領導理論發展大都是屬於較為抽象理論的研究，而教練式領導（coaching leadership）不僅具有理論架構，且可具體實務操作並有良好的領導效果，是以值得進一步加以探究與應用，此為筆者撰寫本文的主要動機。

　　透過教練過程可發展領導能力及促進工作投入（洪瑋齡，2012；Forde, McMahon, Gronn, & Martin, 2013），教練式領導已廣受企業界的重視（洪瑋齡，2012；陳子溱，2013a；陳恆霖，2017；

陳朝益，2016；黃俊華，2007；劉美玲，2012；McCarthy, 2014; Thach, 2002），校長教練式領導也漸受關注（丁一顧，2014；蔡嘉綺，2017；Boren, 2017; Hopkins-Thompson, 2000; Nidus & Sadder, 2011）。教練基本理念是假定人是有能力的，是一種與同儕之間傾聽與說話的方式，領導者與同儕之間是夥伴關係，而非上下科層關係（簡宏江，2012a；Robertson, 2009）。而由於校園的民主化，過去由上而下的校長指揮式、命令式領導，已逐漸轉型爲夥伴關係，因此非指導型的教練式領導相當適合於學校場域之應用，特別是近年來中小學極力推動校長教學領導、課程領導與學習領導等專業領導，需要更多專業對話的同時，當今中小學校長有必要熟悉教練式領導的意涵及其實務應用。Nidus 與 Sadder（2011）也指出校長的主要責任不是行政角色，而是更多的專業教練；Boren（2017）亦認爲校長透過個別教練的方式，可以有效促進教師的專業學習。

　　教練的本質是幫助他人、釋放他人的潛能（林宜萱譯，2017），教練式領導在於運用教練會談的心法，激發別人內心的眞正意願與改變，並心甘情願地快樂跟隨（林宜萱譯，2017）。教練式領導的風格可以塑造出信任與和諧的氣氛，有助於組織建立開放與溝通的文化（陳子溙，2013b）。教練式領導甚至可喚醒每個工作者內在能力（陳恆霖，2012）。質言之，教練式領導者必須相信每個人都是完整的個體，並擁有解決問題的能力，每個人都是要爲自己的生命完全地負起責任，而領導者必須無我、不評斷，才能夠有效幫助部屬成長（劉聿紋，2013）。這樣的領導風格迥異於過去諸多的領導模式，例如學校領導顯學之轉型領導就相當重視領導者個人魅力影響，而教練式領導強調的是部屬能力的成長與提升問題解決能力。此外，由下而上的教練式領導亦有別於由上而下的師傅（mentor）領導，而更能激發部屬的工作潛能。

　　基於上述，本文首先探討校長教練式領導的意涵，其次分析傳統

領導、師傅與教練式領導的差異，之後敘述教練式領導的過程與模式，接著闡明教練式領導之實務演練，最後探析教練式領導的相關研究並對校長教練式領導進行省思，以提供中小學校長領導之參考。

貳、校長教練式領導的意涵

　　關於教練式領導的意涵，Whitemore 指出教練的概念出自運動，教練的真正意涵應是幫助別人學習，而非教導他們（江麗美譯，2010）。McManus 表示教練是學習和成長的方式，引導對方朝著目標前進，而教練不是糾正某人行為或行動，不是指揮某人採取行動達成目標，也不是萬事通的專家或主管（胡瑋珊譯，2007）。Bossi（2008）指出領導教練是聚焦於領導發展之個別化、情境式、目標導向及專業的關係。Reiss（2015）主張所有的領導者都需要教練技巧，以使成員成為夥伴關係，領導的教練型式不同於由上而下（top-down）及就這樣做（do-this）的模式，教練是使個人增能、擴展內在想法及能量、創造結果的過程與關係。陳朝益（2010）認為企業教練的任務是幫助學員做正向的行為、態度或思路的改變，企業教練是經過專業培訓的啟動者與引導者，教練不談個人經驗，也不提建議，而是引導學員專注在「向前看，釋放潛能，確認機會，採取行動，學會負責」的成長路徑。簡宏江（2012a）也認為教練角色不是提供解決方案，不是給予建議或提供病理診斷，而比較多是促進者角色，透過提問和反思，促使部屬運用他們自己的資源，並了解到自己擁有因應挑戰的技巧、優勢和方法。劉聿紋（2013）表示教練式領導是一種以「非指導」的方式幫助部屬發揮潛力，以達成最佳績效的一種領導方式。陳子漾（2013b）則表示教練式領導是潛能開發的領導，在領導過程善用教練會談技巧，並融入信任、溝通、引導、激勵與陪伴的元

素。陳恆霖（2017）認為教練是視當事人為夥伴的關係，藉由拓展思考過程，來催化受教練者的學習並發揮最大的潛能。

丁一顧（2014）陳述教練式領導是一種影響力發揮的過程，領導者與部屬建立信任關係，善用傾聽、提問、回饋等教練技巧，促發部屬學習及解決問題，以提升個人成長與組織目標之達成。此外，值得一提的是，與教練式領導意涵頗為相近的是認知教練（cognitive coaching），認知教練是教練者運用特殊對話溝通的策略與技巧提升教師的思考能力、心智能力及做決定的能力（丁一顧、張德銳，2010）。

綜合上述，教練式領導可扼要定義為係指以非指導的方式，透過信任關係建立，以及傾聽、提問與回饋之教練技巧應用，來協助成員或當事人開發潛能的過程及促進組織目標之達成。因此，校長教練式領導可引申定義為校長以非指導方式，透過與成員建立信任關係，並應用傾聽、提問與回饋之教練技巧，來協助成員發揮潛能的歷程及促進學校教育目標之達成。

參、傳統領導、師傅與教練式領導的差異

爬梳校長教練式領導之意涵後，接下來從傳統領導與教練式領導、師傅與教練式領導的差異兩方面，加以闡述。表 5-1 是傳統領導與教練式領導的差異，從表 5-1 可知（劉聿紋，2013），傳統領導重視計畫、控制、協調與指導，認為對方沒有能力找答案，採主從關係，關心事情，將員工視為工具，以快速解決問題為主；而教練式領導是強調溝通、創新與啟發，認為對方的潛能未發揮，關心組織成員，主張每個人都是獨一無二的，員工是人才，要加以長期培養。

表 5-1
傳統領導與教練式領導的差異

傳統領導	教練式領導
PDCA、計畫／控制／協調	溝通、創新
指導、指揮、命令、教導	激發、啟發
認為對方沒有能力找答案，我可以給你	對方的潛力未發揮，聆聽、詢問、肯定、我相信你能
主從關係、優劣與尊卑	平等尊重的夥伴關係
要解決問題（關心事）	要發展人才（關心人）
主觀的、我是對的	無我的、利他的、每個人都是獨一無二的
員工是企業的一種資源及工具	員工是人才，是企業的資產
要快速解決問題	要長期培養人才

資料來源：引自劉孛紋，2013：87。

　　此外，從表 5-2 可得知師傅（mentor）與教練是不同的互動取向，師傅在處理情境上是給予徒弟暗示或技巧，給予快速解決的方案，聚焦在有經驗的員工傳授知識給沒有經驗者，而另一方面教練則在具體工作上不給予建議，重點在引出教練對象的潛在技能，希望教練對象找出自己的答案。值得一提的是，由於傳統師傅制度較著重上對下的關係，是以逐漸有學者倡導平等關係的同儕師徒制（peer mentoring）（陳嘉彌，2004）。

表 5-2
教練與師傅概念比較分析

師傅	教練
在處理情境上，自由給予暗示或技巧	教練在具體工作上不給予建議
在他們的生涯上的某些時間點與教導對象擁有相同的角色	不需要履行在學校中教練對象特定的角色

師傅	教練
能夠給予快速的解決方案和想法	會談中使用結構化的模式，獲致協議的目標
有時會談會遵循一個架構，但較多的是非正式的教導接觸	議題重點在引出教練對象的潛在技能
聚焦在有經驗的員工傳授知識給沒有經驗者	仰賴教練對象找出自己的答案，產生自己的問題

資料來源：簡宏江，2012b；Tolhurst, 2006。

　　總的說來，傳統領導與師傅是以領導者為出發，而教練或教練式領導是以成員或被領導者的角度為考量，並引發成員潛能而能有效自行解決其問題。至於教練的角色不是由教練者提供解決方案，教練也不給予過多的指示或建議，而是扮演較多的促進催化者角色（facilitator），並透過適切的提問和反思，讓部屬了解面對問題的方法，且教練領導者相信部屬是有其潛在能力解決其問題。此外，值得一提的是，校長教練式領導與認知教練的意涵相近，均是啟發成員的認知成長及問題解決能力。校長教練式領導與企業教練的意涵亦頗為相近，惟企業教練有內部教練與外部教練之分，校長教練式領導屬於一種內部教練。再者，校長教練式領導與一般體育教練領導的差異，在於前者是偏向認知成長而後者偏向技能學習。

肆、教練式領導的過程與模式

　　目前較廣泛被應用的教練歷程模式是成長模式（GROW）（林世倡，2013；鄭瀛川，2012）。第一階段是目標設定（Goal）：本階段聚焦於被教練者在教練歷程所想要達到的目標；第二階段是現實狀況（Reality）：有了清楚的目標後，接著就是釐清目前的狀況；第

三階段是選擇（Options）：選擇階段是創造各種可行的行動方案不帶任何評價或判斷，且讓被教練者自在發表想法；第四階段是意願（Will）：教練順序的最後階段是將討論結果轉為抉擇，並取得被教練者採取行動的承諾。McManus 針對如何進行教練，提出幾項要點包括：雙方必須對教練目標建立共識、強調你想要幫助對方的誠意、交換彼此對當前情境或可行辦法的意見、傾聽對方的想法與說法、分享教練者的建議、讓對方有機會回應並提出自己的想法、對希望達成的目標建立共識、和對方建立一套行動方案（胡瑋珊譯，2007）。Crane 則指出轉化式教練模式的三個階段為：(1) 建立基礎階段；(2) 回饋循環階段；(3) 促進行動階段（郭敏珣、潘婉茹譯，2014）。

　　簡宏江（2012a）認為焦點解決教練領導理論在學校行政之應用為：(1)「不知道」溝通態度：焦點解決教練領導的溝通態度是強調不知道（not knowing），也就是相信員工是自己解決問題的專家；(2) 跳過員工問題找方法：強調問題解決導向，重視員工優勢、能力與資源，而非員工的問題與症狀，領導者把對話焦點放在正向，有助於問題解決的方法；(3) 評分問句，監測校務推動：評分問句是讓感覺及認知具體化的技巧，藉此可使成員評估自己業務的進展情形。此外，簡宏江（2012b）也歸納出教練的幾個重要的要素：(1) 議題導向：教練對象本身有個關懷議題，相當的困擾，但又不清楚自己的目標為何；(2) 關係導向：教練建立一個強而有力的夥伴關係，重視與教練對象建立信任關係；(3) 有力提問：教練的重要特色是透過有效的提問，協助教練對象自我察覺；(4) 目標導向：教練重視協助教練對象之目標釐清與設定目標，並提供支持以達成目標；(5) 強調改變：改變可能必須要調整教練對象的認知、情緒與行為；(6) 學習導向：培養教練對象養成自我導向的學習能力，並成為問題的解決者。

　　林世偉（2013）陳述領導教練其意義包括歷程性意義、策略性意義及目的性意義。就歷程性意義而言，領導教練是一個教練者與被

教練者間信任、合作關係建立的歷程；就策略性意義來說，領導教練的實施是教練者應用傾聽、提問、回饋等專業技能，來引導被教練者付諸行動達成目標；就目的性意義來看，領導教練的具體目標是提升被教練者的專業知能，成爲自我導向的學習者，並提升團隊及組織效能。國際教練聯盟（International Coach Federation, ICF）則認爲教練領導包括基礎扎根、共創關係、有效溝通、引導學習（林世偉，2013）。循此，胡稚群（2015）指出外部專業教練的四大核心能力：(1) 設定基礎：身爲專業教練要了解身爲教練的道德規範與標準；(2) 共創關係：與客戶共創關係，教練必須同時擁有謙卑、支持、尊重與彈性的能力；(3) 有效溝通：善用傾聽的能力，找出客戶的弦外之音，並多詢問問題，誘導客戶找出答案；(4) 引導學習與成效：啟發覺察後給予客戶自我沉澱的時間，鼓勵突破框架，尋找可能的行動方案。丁一顧（2014）表示校長教練式領導的內容包括關係建立、有效溝通、覺知學習及回饋發展。

總括說來，教練式領導是領導者與對象建立在深度的溝通與信任之基礎上，進而透過引導、鼓勵與陪伴，協助對象朝向目標邁進（陳子溱，2013）。而教練式領導的過程與模式，從前述可知，各家觀點不一，但偏向內部教練的校長教練式領導之過程模式歸納起來大致包含三大面向，如圖 5-1 所示，其一是信任關係的建立：校長要運用教練式領導首要與行政人員或教師建立信任關係，未能建立信任關係，則無法有效產生教練式領導之成效，亦即成員如果感受不到校長的善意，則較不會分享其困難而有所隱瞞，爰此，建立信任關係是校長運用教練式領導的重要過程。其二是教練技巧的應用：教練技巧應用是教練式領導的核心，包含傾聽、掃問與回饋。其三是激發部屬潛能：教練式領導是以部屬爲中心，以人性化的領導態度出發，相信成員有能力解決問題，藉此可激發部屬潛能，進而促進組織績效。

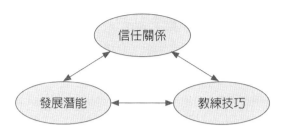

圖 5-1　校長教練式領導的重要過程模式

伍、教練式領導實務演練 —— 提問技巧

　　教練式領導可以說是領導者善用教練會談的技巧，而發展出來的領導風格（陳子湀，2013b），因此以下先闡述教練式領導的提問技巧，之後再以實務方式加以演練，以供中小學校長應用教練式領導之參考。

一、教練式領導的提問技巧

　　Clarke-Epstein 指出領導者提問時應注意的行為，分別是：一次問一個問題、問題結束時停頓一下、學習聆聽、提問後續的問題等（馮克芸譯，2009）。Satir 表示溝通姿態包括指責、討好、超理智、打岔及一致性，其中一致性是較健康的溝通姿態（李崇建 2018）。丁一顧與張德銳（2010）陳述認知教練的實施技巧為：(1) 建立融洽關係，教練者與學習者互動要營造出融洽及信任關係；(2) 採引導式之提問，以非威脅的可親的聲音及包含兩種以上的選擇之語句提問，如此能增加被教練者的思考；(3) 採探究式措辭及正面的假設；(4) 不做價值判斷；(5) 提供資源和善用資源。丁一顧（2011）認為專業學習成功運作的有效提問包括開放式提問、複數形式提問、探究式提問、量尺式提問及正向假設式提問。

　　簡宏江（2012a）指出教練對話的語言特徵強調連結而非矯正、尊重而非面質、自我啟發而非告知、鼓勵自我評估而非提供建設性意見，提問是釐清思維，刺激重要思考，而非依賴相似的習慣。Stanier認為教練式領導可破除三大惡性循環，分別是部屬過度依賴你、工作排山倒海而來、沒有專注在真正重要的工作上，且教練式的對話是少給建議，問對問題。此外，少問為什麼，多問什麼，所問的問題可包括如下，值得參考（林宜萱譯，2017）：(1) 開場問題：在想些什麼？這個問題是聚焦又開放的提問；(2) 魔法問題：還有其他的嗎？此問題可引導更多的好決策，更多的選項；(3) 焦點問題：對你來說，這裡真正的挑戰是什麼？此問題可讓對方動腦思考，釐清該解決什麼問題，「對你來說」這個詞可引發對方成長與工作能力；(4) 基礎問題：你想要什麼？這個基礎問題很直接；(5) 懶惰問題：我可以怎麼幫忙你？這個問題可以幫助對方思考真正的需求；(6) 策略問題：如果你對這件事說「好」，那麼你對什麼說「不」呢？此問題幫助對方找出真正要做的事；(7) 學習問題：對你來說，什麼對你最有幫助？此題提問可幫助對方發覺洞見，讓事情變得跟切身相關。

　　值得一提的是，教練式對話技巧與一般教學提問技巧有所差異，基本上教學提問技巧包括提問、候答與理答，並鼓勵教師多向學生問為什麼，但教練式對話為避免成員過多的防衛，對話過程儘量減少向成員提問為什麼。

　　綜上所述，歸納教練式領導的提問技巧之主要原則為：多問開放式問題及假設性問題、適時運用量尺問句、少問為什麼（避免形成防衛心理）、一次只問一個問題、學習傾聽、少用質問式多用探詢式的提問方式、接受沉默的時間、建立信任關係（降低雙重角色的問題）、儘量以好像、假如、可不可以、如果、也許等為開頭等。而筆者以為Stanier所提出的幾個問題，相當值得校長運用教練式領導之參考，試以實例模擬演練如下。

二、教練式提問的實例演練

以下試舉校長與主任的指揮式與教練式對話的演練，之後再加以評析：

(一) 指揮式

校長：此次辦理大型園遊會，主任你要注意幾件事情，第一就是要注意當天的交通指揮，第二就是要多督促級任老師指導學生……

主任：是的，校長，我會多提醒級任老師，交通指揮當天已安排了。

(二) 教練式

校長：此次辦理大型園遊會，**主任你的想法是什麼？**

主任：校長，我想把這次園遊會辦好，並讓學生留下美好的回憶。

校長：對你來說，辦理這麼大的活動，**你最大的挑戰是什麼？**

主任：我最大的挑戰是導師的抗拒、不配合。

校長：**我可以怎麼幫你？**

主任：請校長盡快召開園遊會籌備會議。

校長：我們下週就召開，請大家來溝通，還有其他的嗎？

主任：校長，沒有，主要是這個問題，其他的事務我會處理。

對於上述對話評析如下：可以明顯發現指揮式的對話是以領導者為中心，部屬比較沒有發言空間，而教練式之對話是重視成員的意見與想法，並適時了解或察覺成員的需求，並提供適切的協助。從另一方面來說，指揮式比較快速、有效率，但不知道部屬的需求為何，而教練式因要建立信任關係，故需要花較多的時間，但能站在部屬角度思考問題，並有助於部屬的問題解決。值得提醒的是，「我可以怎麼

幫你？」此一提問，宜考量校長哪些可以幫忙，哪些無法幫忙，或給予校長時間考慮，以避免猴子（比喻下一個工作步驟）又跳到校長的背上（陳美岑譯，2006）。

陸、校長教練式領導的相關實徵研究

　　關於校長教練式領導的相關實徵研究，洪瑋齡（2012）的研究發現管理教練技能對員工的心理賦能及員工的工作投入均有正向關聯性，亦即員工認知到管理教練技能愈高，則也會認知較高的心理賦能並對工作投入愈高。林世倡（2013）曾建構國民中小學校長領導教練者核心能力指標，研究結果指出校長領導教練者核心能力指標之內涵包括遵守基本原則（內含符合倫理標準、建立教練合約的能力等）、建立共同關係（內含建立正向、信任、尊重之夥伴關係能力）、進行有效溝通（內含主動傾聽、有效提問、適時回饋等）及確保目標達成（內含被教練者的覺知）等四大層面。丁一顧（2014）探究臺北市國民小學校長教練式領導與教師專業學習社群的關係，並將校長教練式領導建構出關係建立、有效溝通、覺知學習及回饋學習等四個層面，研究發現臺北市國民小學校長教練式領導表現屬中高程度，其中表現最高者為「關係建立」，表現最低者則為「覺知學習」，且校長教練式領導與教師專業學習社群間具中高度正相關，校長教練式領導對教師專業學習具有高度正向影響。

　　簡宏江（2012c）則建構幼兒園園長教練領導訓練方案，並招募公私立幼兒園園長接受工作坊訓練方案，研究結果指出在參與者成長與改變方面，受訓園長表示學會教練領導技巧，也能覺察省思自己的領導方式，並能初步運用教練技巧與人互動與溝通，增進了領導能力與信心。蔡嘉綺（2017）亦探討臺北市國小校長教練式領導與教師

專業對話的現況與關係，研究結果發現臺北市國小教師對其校長教練式領導看法之現況爲高度表現，國小校長教練式領導與教師專業對話具有中度正相關，且國小校長教練式領導之表現能有效預測教師專業對話。

綜觀上述，從相關實證研究結果可知，教練式領導已有一套嚴謹的運用過程模式及其理論架構，並證實校長教練式領導有助於教師專業對話及教師專業學習社群的發展。

柒、校長教練式領導的省思

支持校長教練式領導的理論基礎包括強調自我導向、自主導向的成人學習理論及重視正向思維的正向心理學（丁一顧，2013），且校長教練式領導有諸多好處，例如避免成員過度依賴領導者，並可協助成員成長等。惟教練式領導仍有限制及可省思之處，筆者參酌相關文獻（丁一顧，2013，2014；胡瑋珊譯，2007；Robertson, 2008），茲從「校長教練式領導習慣不易養成」、「校長實施教練時間與持續的問題」、「校長可能會有雙重角色問題」、「校長與成員的信任問題」、「接受教練者或部屬的心態」、「如何判斷指揮式與教練式領導的應用時機」、「校長教練式領導的人性觀、學習觀與權力觀」、「校長可靈活運用教練式領導」等闡述校長教練式領導之省思如下：

一、校長教練式領導習慣不易養成

有些領導者平時可能已經習慣以指揮式的方式進行領導，如果一時要轉換成爲提問式的對話方式，可能會不習慣或無法調適之情形。再者，倘若在中小學校長培育階段未能接受教練式領導之相關培訓，則校長在應用及習慣養成上確實有其困難。

二、校長實施教練時間與持續的問題

　　教練式領導需要領導者有時間與成員進行較長時間的對話，短促時間較無法引發部屬的想法與發現問題所在，而領導者平日事務繁忙，可能無法持續落實教練式領導。換言之，時間與持續性問題可能是中小學校長運用教練式領導的障礙。

三、校長可能會有雙重角色問題

　　企業界的教練可分內部教練與外部教練，而聘請外部教練比較不會產生雙重角色的問題，但校長教練式領導之校長與主任或教師的關係是偏向內部教練，易衍生雙重角色的問題，亦即校長一方面擔任工作考核者，另一方面又要擔任潛能激發者。因此，McManus 就提到許多管理者往往覺得難以兼顧「評估者」與「教練者」這兩個角色，且教練對象可能難以接受這兩個角色的結合，因為會擔心績效評估受到影響，而不敢跟教練坦承錯誤和缺點（胡瑋珊譯，2007）。

四、校長與成員的信任問題

　　教練式領導是否能具成效，信任是關鍵因素，而信任關係需要較長時間的培養，是以校長在進行教練式領導時，一定要取得成員的信任，相信校長之所有作為是以成員及學校發展為考量，否則教練式領導成效將大打折扣。也就是說，當校長與成員未能建立信任關係，則成員未必願意講真話，而影響教練式領導的運用成效。此外，前述雙重角色問題的解決之道也是在於校長與成員信任關係之建立。

五、接受教練者或部屬的心態

　　倘若部屬的心態是仰賴學校領導者的指揮，而不主動思考問題，則校長教練式領導將無從發揮，是故接受教練者或部屬的心態也是相

當重要。另一方面，校長也要反思部屬的依賴心態是否爲自己領導行爲所造成，例如持權威式領導可能會衍生部屬依賴領導者的單向指揮。

六、如何判斷指揮式與教練式領導的應用時機

天下沒有最好的領導方式，只有最適當的領導方式，因此中小學校長要判斷指揮式與教練式領導的應用時機，且可採取光譜運用的態度，依人員經驗、事情性質、時間、地點等不同，混合交互運用指揮及教練的方式。例如學校處於危機狀態應該要多採指揮式領導，而平時則可多採用教練式領導，以培育更多的教育領導人才，又如新進成員可能需要校長更多的直接指導，此外成員發生嚴重疏忽需要即時糾正而非教練式領導。扼要言之，校長教練式領導並非唯一的領導型態，在各種不同的場合，校長還須依情境扮演著多元領導角色。

七、校長教練式領導的人性觀、學習觀與權力觀

關於校長教練式領導的人性觀、學習觀與權力觀，就人性觀而言，校長教練式領導是基於人性本善的人性觀，相信人是主動，且透過適切協助，部屬可以自行解決其問題。在學習觀方面，教練式領導是基於有效提問，來誘發成員的思考與學習力。就權力觀來看，在教練過程並不展現法職權，而是以部屬爲中心的夥伴關係。

八、校長可靈活運用教練式領導

如前揭文獻所述，企業界的外部企業教練通常有較爲嚴謹的過程，包括關係建立、目標擬定、有效溝通、倫理規範及契約的簽訂等，而偏向內部教練之校長教練式領導可擇取企業界的外部教練之重點或精神，融入於日常領導過程，例如校長善用提問技巧可有效了解部屬需求，並激發部屬的工作潛能及問題解決能力。此外，校長教練

式領導不必侷限於內部教練，亦可用於對他校校長，例如資深卓越校長可擔任初任校長導入輔導的外部教練。

捌、結語

　　本文最後再次從幾個 W 歸納闡明，首先是何謂校長教練式領導（what），本文將校長教練式領導定義為校長以非指導方式，透過與成員建立信任關係，應用傾聽、提問與回饋之教練技巧，來協助成員發揮潛能的歷程及促進學校教育目標之達成。從此一定義可知，校長教練式領導有別於傳統師傅教導或權威式領導，而是以部屬為中心、引導部屬學習並協助開發其潛能。其次是為什麼校長要學習教練式領導（why），一來可避免部屬過於依賴校長的指揮與決策，二來可讓主任、組長或教師有成長的機會，再者是校長在進行學習領導或課程領導過程之專業對話，比較適合採用教練式的對話引導而非指揮式的命令口氣。第三是如何進行校長教練式領導（how），校長與成員的信任關係是重要前提，運用提問技巧是關鍵因素，並且能善用回饋，以協助教師專業成長。

　　總結說來，學校是致力於教與學的服務型組織，存在比較多的專業對話，且校園民主化的倡導，故相當適用教練式領導及其對話方式，來促進行政工作效能及提升教師專業發展。冀望本文的提出能有助於中小學校長與行政人員或教師的互動，進而能激發成員的潛能和問題解決能力，以促進學校效能的提升及教育目標的達成。

參考文獻

中文文獻

丁一顧（2011）。會談技巧：教師專業學習社群運作成功的關鍵。**教育研究月刊，201**，28-38。

丁一顧（2013）。校長教練式領導相關概念、研究與啟示。**教育研究與發展期刊，9**(3)，143-162。

丁一顧（2014）。國小校長教練式領導與教師專業學習社群關係之研究。**教育政策論壇，17**(3)，117-151。

丁一顧、張德銳（2010）。**認知教練理論與實務**。臺北市：五南。

江麗美譯（2010）。**高績效教練：有效帶人、激發潛能的教練原理與實務**。Sir John Whitemore 原著。臺北市：經濟新潮。

李崇建（2018）。**薩提爾的對話練習**。臺北市：親子天下。

林世倡（2013）。國民中小學校長領導教練者核心能力指標建構之研究。**新竹教育大學教育學報，31**(1)，77-113。

林宜萱譯（2017）。**你是來帶人，不是幫部屬做事：少給建議，問對問題，運用教練式領導打造高績效團隊**。Michael Bungay Stanier 原著。臺北市：高寶國際。

洪瑋齡（2012）。**管理教練技能對員工工作投入之影響——以員工心理賦能為中介變項**（未出版之碩士論文）。國立中央大學，桃園市。

胡稚群（2015）。專業教練必備核心能耐：引導學習陪客戶一起奇幻冒險。**能力雜誌，711**，102-106。

胡瑋珊譯（2007）。**口袋大師教你教練策略**。Patty McManus 原著。新北市：中國生產力。

郭敏珣、潘婉茹譯（2014）。**夥伴教練心關係：轉化出團隊高效能**。Thomas G. Crane 原著。高雄市：培迅國際管理顧問。

陳子溱（2013a）。教練會談運用於知識管理的經驗分享。**品質月刊，49**(3)，28-31。

陳子溱（2013b）。企業如何導入教練型領導與知識傳承創新。**品質月刊，49**(6)，6-9。

陳恆霖（2012）。**Coach 領導學：帶人才超越現在職位的企業教練心理 & 對話**

技術。臺北市：大寫。

陳美岑譯（2006）。**別讓猴子跳回你背上：主管好整以暇，部屬勇於任事的管理智慧**。William Oncken, III 原著。臺北市：臉譜。

陳朝益（2010）。**幫員工自己變優秀的神奇領導者**。臺北市：大寫。

陳朝益（2016）。**傑出領導人的最關鍵轉變 —— 走出權力，轉身「轉型教練」的革心旅程**。臺北市：大寫。

陳嘉彌（2004）。青少年學習應用同儕師徒制可行性之探析（The Study of the Feasibility for Teenagers' Learning by using Peer Mentoring）。**教育研究資訊雙月刊**，**12**(3)，3-22。

馮克芸譯（2009）。**會問問題，才會帶人**。Chris Clarke-Epstein 原著。臺北市：大塊。

黃俊華（2007）。**教練，幫助你成功**。臺北市：經濟新潮社。

劉聿紋（2013）。「非指導」才有效：教練式領導讓員工自己變聰明。**能力雜誌**，**692**，84-87。

劉美玲（2012）。**教練領導模式之研究 —— 探討 D 公司現況**（（未出版之碩士論文）。國立清華大學，新竹市。

蔡嘉綺（2017）。**臺北市國小校長教練式領導與教師專業對話關係之研究**（未出版之碩士論文）。臺北市立大學，臺北市。

鄭瀛川（2012）。教練 GROW4 步驟讓員工成為企業大樹。**能力雜誌**，**676**，48-54。

簡宏江（2012a）。來場教練對話：焦點解決教練領導理論在學校行政之應用。**育達科大學報**，**31**，1-22。

簡宏江（2012b）。中小學校長專業成長的新取向 —— 實施領導人教練服務制度初探。**學校行政雙月刊**，**78**，25-42。

簡宏江（2012c）。幼兒園園長教練領導訓練方案建構之研究。**育達科大學報**，**30**，1-26。

英文文獻

Boren, D. M. (2017). Synergistic school: Coaching teachers, teams and team leaders. *Leadership, 46*(5), 40-43.

Bossi, M. (2008). Does leadership coaching really work? *Leadership, 38*(1), 31-35.

Forde, C., McMahon, M., Gronn, P., & Martin, M. (2013). Being a leadership development coach: A multifaceted role. *Educational Management Administration & Leadership, 41*(1), 105-119.

Hopkins-Thompson, P. A. (2000). Colleagues helping colleagues: Mentoring and coaching. *NASSP Bulletin, 84*(617), 29-36.

Kee, K. M., Anderson, K. A., Dearing, V. S., Harris, E., & Shuster, F. A. (2010). *RESULTS coaching: The new essential for school leaders*. Thousand Oaks, CA: Corwin Press.

McCarthy, G. (2014). *Coaching and mentoring for business*. London: SAGE.

Nidus, G., & Sadder, M. (2011). The principal as formative coach. *Educational Leadership, 69*(2), 30-35.

Reiss, K. (2015). *Leadership coaching for educators: Bring out the best in school administrators* (2nd.). Thousand Oaks, CA: Corwin.

Robertson, J. (2008). *Coaching educational leadership: Building leadership capacity through partnership*. Thousand Oaks, CA: Sage.

Robertson, J. (2009). Coaching leadership learning through partnership. *School Leadsership and Management, 29*(1), 39-49.

Thach, L. (2002). The impact of executive coaching and 360-degree feedback on leadership effectiveness. *Leadership & Organization Journal, 23*(4), 205-214.

Tolhurst, J. (2006). *Coaching for schools: A practical guide to building leadership capacity*. New York: Pearson Education.

（本文 2019 年曾發表於《教育行政論壇》，第 11 卷第 1 期，頁 1-14。）

第六章

國民中小學學務主任對校長負向領導知覺與正負向互動情緒及校長滿意度之研究

壹、緒論

　　領導是影響力的發揮，領導品質影響組織發展甚鉅，故領導學一直是管理學或教育行政學所關注的重要面向。就一般領導理論的演變來看，可分為特質論時期、行為理論時期、權變理論時期及新興領導理論時期（蔡進雄，2000），晚近也有諸多學者探究正向領導（謝傳崇，2012）。基本上，前述領導理論的探究大都是屬於正向的領導理論，當學術界關注於正向及正面領導理論的發展時，另一方面西方領導研究在這幾年開始注意負向領導、權威領導、苛責行為、貶抑行為、毀壞型領導及不當督導等組織中的黑暗面（dark side）（Einarsen, Aasland, & Skogstad, 2007; Frieder, Hochwarter, & DeOrtentiis, 2015; Tepper, 2007; Xu, Loi, & Lam, 2015），關心工作場域中對部屬的不適當對待（李宜蓁，2006），希望提供領導理論與實務不同的思維面向，且已成為受矚目的研究議題並具有領導及管理的參考價值。

　　研究顯示上司的領導風格對員工心理幸福感有顯著相關，故主管應多採用民主的領導方式去領導員工，才能降低部屬不幸福感，員工也不會感到過重的壓力（張珮菁，2012）。胡昌亞與鄭瑩妮（2014）指出在不當督導的影響後果方面，東西方研究結論均很相似，即不當督導會導致員工績效變差、減少組織公民行為、減少建言、增加偏差行為，甚至傷及組織實質上的收益與顧客滿意度。張新如（2011）陳述組織不應該忽略主管的無禮對生產面帶來的影響。因此，我們可以如此推論，亦即負向領導會耗掉組織及成員的能量，此乃成員必須花費更大的力氣去處理因負向領導所產生的負面情緒及自尊受損，並會進而影響工作態度或表現。郭建志（2009）的研究也發現部屬受到領導者批評或責備時，如果知覺到領導行為的目的是在彰顯地位或權威的操弄，則部屬就會同樣以負向之方式回應領導者，降低對主管的效忠及滿意度，也會知覺到較低的互動公平。吳文傑（2011）研究結果指出主管表達生氣之負向情緒與員工離職意圖呈正向的關係。另一方面，賴後佑（2013）研究棒球教練負向領導行為對球員績效的影響，則發現敵意行為對球員績效有負向影響，言語貶低則是正向影響。由此可見，負向領導的領導效能可能要依不同情境及對象而定。

　　總的說來，長期以來有關校長領導之研究，大都集中於探討校長如何進行正向而有效的領導以增進領導效能，但整體而言國內教育學術研究是比較少關注負向的校長領導行為，因此本研究擬從負向領導的角度來看教育領導，且進一步探究校長負向領導、正負向互動情緒及成員對校長滿意度間的關係，並探析不同背景變項在校長負向領導、正負向互動情緒及對校長滿意度的差異情形。

貳、文獻探討

一、負向領導的意涵

　　一般而言，領導的內涵本身及其領導效能偏向負面及負向的均可歸類為負向領導，對於負向的領導相關理論，包括不當督導、毀壞型領導、有毒的領導等（Lipman-Blumen, 2005；蔡進雄，2014a），國內外目前探討最多的負向領導行為是不當督導。最早提出不當督導之概念並廣為被引用的學者是 B. J. Tepper，Tepper（2000）指出不當督導是部屬對於主管持續表現出語言或非語言的敵意行為之知覺程度，並不包含肢體接觸。研究發現主管不當督導不僅會透過部屬正義知覺的中介歷程以預測情緒耗竭，也會透過部屬情緒勞動來預測情緒耗竭（吳宗祐，2008）。不當督導會影響部屬的情緒耗竭（Wu & Hu, 2009），主管不當督導也會影響工作者的組織挫折（郭建志、蔡育菁，2012）。

　　概括地說，正向領導的領導者展現正面的領導行為，例如對組織有願景，對自己有自信及具專業能力，對部屬付出關懷及有所指導，部屬及團隊在其帶領下也都能表現出良好的績效。而負向領導的領導者則是展現負面的領導行為，研究者將負向領導廣義定義為對成員或組織有所負面損害或負面影響的領導者特質或行為，包括口語或非口語之敵意行動。

二、領導行為的意圖歸因

　　長期以來，對於校長領導行為之探討倘若是採量化研究大都是從被領導者或教師的知覺來進行了解的，這主要是因為如採領導者自陳容易有自我膨脹及偽裝之現象，這也凸顯出成員對領導者歸因的重要性。換言之，校長不管採取何種領導行為方式，如果不被部屬或

成員所感受或覺知，仍無法有效達到原來預期的效果。Daborough 與 Ashkanasy（2002）也指出領導是社會互動的過程，特別是當領導者與部屬互動時，部屬會對領導者之意圖及領導行爲進行歸因，進而影響部屬對領導者的評價。

以轉型領導的研究來看，雖然眾多研究顯示校長轉型領導與教師表現及學校效能均有正面影響力（蔡進雄，2000），但也有學者提出所謂假的轉型領導（pseudo transformational leadership）。假的轉型領導意味著個人化的領導，焦點是在領導者自己的興趣，而不是別人的興趣，而眞正的轉型領導是社會化的領導，關心的是集體的好處並爲了別人而超越了他們自己的興趣（吳昆壽譯，2014）。因此如果部屬感受到轉型領導者會利用一些別有居心的技巧控制或操弄部屬時，且注重本身利益大過於組織利益時，部屬會將這種轉型領導行爲歸類爲假的轉型領導（pseudo transformational leadership）（引自郭建志，2009），而倘若部屬知覺主管表現出假的轉型領導，則會影響部屬與主管間的關係（Daborough & Ashkanasy, 2002）。

Harvey、Harris、Gillis 與 Martinko（2014）研究發現應得權益感（psychological entitlement）較強的成員，比較會感受他們是不當督導的犧牲者並且會以不受歡迎的方式加以反應。許境頤與江或慈（2013）研究結果證實主管不當督導會導致部屬產生工作倦怠，且當部屬的人格韌性愈高，部屬知覺不當督導與工作倦怠之間的相關性愈低。

綜言之，不論是正向或負向領導行爲，部屬皆有可能會對領導者所展現的領導行爲，依據自己內心的知覺來判斷及歸因是不是眞實的或操弄的（郭建志，2009）。此外，部屬的特質也會影響他們對領導者負向領導的回應。因此，本研究以國民中小學學務主任之部屬角度來知覺校長負向領導與情緒互動情形及其對校長滿意度，並分析不同背景變項在本研究主要變項的差異情形，由於過去較少被探討，故本

研究將背景變項之差異分析視爲探索性研究。

三、負向領導、正負向互動情緒與主管滿意度

在組織行爲研究中情緒的議題愈來愈受重視，領導者的情緒會影響成員表現（Visser, Knippenberg, Kleef, & Wisse, 2013），而組織中的員工，不論是面對工作任務的挑戰或與人互動的過程中，也往往會產生各種的情緒經驗，是以將情緒視爲組織生活中不可或缺的一部分，應非言過其實（吳宗祐、鄭伯壎，2003）。張春興（1991）也認爲所謂情緒是指個體受到某種刺激所產生的一種身心激動狀態，情緒狀態之發生，雖爲個體所能體驗，但所引起的生理變化及行爲反應，卻不易爲個體本身所控制，因此會對個體之生活極具有影響作用。此外，情緒可分正向與負向情緒，正向的情緒包括快樂、愉悅、興奮、安詳、平靜、輕鬆、自在等，負向的情緒包括緊張、焦慮、擔心、沮喪、害怕、恐懼、憤怒、怨恨等，一般人都希望處在正面的情緒中，且希望擺脫負面的情緒（饒見維，2008）。扼要言之，情緒是普遍存在、主觀及會傳染的，有正向與負向情緒之分，且個體之負面情緒可能會帶來破壞性的影響（徐仲欣，2005）。

領導及決定過程應關注情緒議題（Bolton & English, 2010），領導本質上就是情緒感染的過程（Daborough & Ashkanasy, 2002），而在組織中，成員的情緒經驗會直接影響其行爲結果表現（Seo, Barrett, & Bartunek, 2004）。準此可知，領導者行爲會影響成員的情緒並進而影響成員的工作表現。質言之，部屬與領導者互動時，所產生的正負向情緒，可視爲領導者所採取負向領導時，部屬反應的重要指標之一（郭建志，2009），故本研究將正負向互動情緒列爲校長負向領導所影響的依變項之一。

此外，所謂主管滿意度是部屬與領導者互動時，部屬評估主管好壞的程度（引自郭建志，2009），主管滿意度可視爲重要的部屬反應

（蔡進雄，2006）。校長任何領導行為如能獲得教師的認同與接受，則將有助於校長影響力的發揮，故教師對校長領導滿意度是領導效能的重要指標（廖裕月，1998），因此本研究也將主任對校長滿意度列為校長負向領導所影響的後果因素，以檢視校長負向領導是否會影響主任對其的負向評估。

　　在實徵研究方面，洪珮慈（2014）的研究顯示主管不當督導會負向影響員工創新行為及員工脈絡績效。黃郁芬（2014）亦研究發現員工知覺主管負向領導的程度與員工幸福感的程度具有顯著負相關。郭建志（2009）研究結果發現：(1) 負向領導行為的真誠歸因對負向互動情緒具有顯著的正向關聯；(2) 負向領導行為的操弄歸因對效忠主管、主管滿意、正向互動情緒及互動公平之間具有顯著的負向關聯，對負向互動情緒有顯著的正向關聯。蔡進雄（2006）研究顯示校長新轉型領導與教師對校長領導滿意度有顯著正相關。從上述研究發現，綜觀而言不論是主管負向領導或正向領導確實對部屬行為及部屬對主管的評價有所影響，例如主管不當領導可能會降低部屬幸福感及帶來負向情緒反應，至於校長負向領導是否同樣會影響主任的情緒狀態及對校長滿意度，過去並未被探討，且屬於非營利組織及以教學為核心的學校情境脈絡，與一般組織環境有所不同，故學校校長負向領導是值得進一步探究的議題。

參、研究設計與實施

　　在研究設計與實施方面，本研究首先提出概念架構，接著說明研究工具之編製過程及效度、信度的考驗情形，之後敘述研究對象的選取及實施之程序，最後闡述量化資料處理之統計分析方法。

一、研究架構

依圖 6-1 之研究架構顯示，本研究首先探討國民中小學校長負向領導、主任與校長互動情緒與校長滿意度的現況，並探析不同背景變項在國民中小學校長負向領導、正負向互動情緒與校長滿意度之差異情形，茲將本研究主要變項闡明如下：

1. 校長負向領導：指對成員或組織有所負面損害或負面影響的校長領導行為，包括口語或非口語之敵意行為。

2. 正負向互動情緒：意指主任知覺與校長互動所產生的情緒狀況，包括正向情緒及負向情緒。

3. 對校長滿意度：指主任對校長整體滿意及校長做事方式符合其期望情形。

4. 背景變項：包括主任背景變項（性別、年齡、婚姻、年資）、學校環境背景變項（學校規模、服務階段）及校長背景變項（性別、年齡、婚姻）。

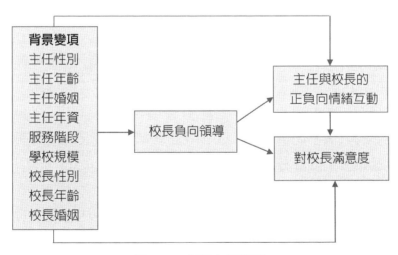

圖 6-1　本研究架構圖

二、研究工具的編製與信效度考驗

(一) 問卷內容及計分方式

在問卷調查的設計上，本研究所採用的校長負向領導調查問卷主要參酌劉秀慧（2010）、黃郁芬（2014）、蔡進雄（2014b）的問卷內容，並修改適合於學校組織之學務主任知覺校長負向領導的用語，例如將「我的主管」修訂為「我的校長」，本構面之所屬題目是調查問卷第一部分的第1題至第12題，總計12題，此外受試者在「非常同意」、「同意」、「普通」、「不同意」及「很不同意」等五個不同選項中，就受試者所知覺該校校長負向領導行為中勾選其所認為的適當答案，至於計分方式的順序是分別給予5分、4分、3分、2分、1分。

此外，本研究正負向互動情緒調查問卷是採用郭建志（2009）的問卷，該問卷是將情緒分為正向情緒及負向情緒兩個構面，所屬題目為本問卷的第二部分，第1題、第3題、第9題、第17題、第19題、第21題、第22題等7題是測量學務主任知覺與校長的正向互動情緒；第2題、第4題、第5題、第6題、第7題、第8題、第10題、第11題、第12題、第13題、第14題、第15題、第16題、第18題、第20題等15題是測量學務主任知覺與校長的負向互動情緒。受試之學務主任在「非常同意」、「同意」、「普通」、「不同意」及「很不同意」等五個不同選項中，就其所覺察與該校校長的互動情緒中勾選適當答案，至於計分之方式與順序是給予5分、4分、3分、2分、1分。

再者，國民中小學學務主任對校長滿意度問卷內容是參酌郭建志（2009）的主管滿意度問卷之內容，並修改適合學務主任易於理解之用語，本問卷第三部分之第1題及第2題是校長滿意度之問卷題目，總計2題，受試之學務主任在「非常同意」、「同意」、「普通」、

「不同意」及「很不同意」等五個不同選項中，就受試者所察覺之
該校校長滿意度中勾選適當答案，在計分之方式與順序方面是給予 5
分、4 分、3 分、2 分、1 分。

(二) 校長負向領導、正負向互動情緒與校長滿意度正式問卷之因素分析與信度

　　本研究是以高雄市、屏東縣 520 所公立國民小學及國民中學學務
主任為調查研究對象，總計回收可用調查問卷 330 份。以正式回收的
可用問卷進行效度及信度分析，本研究採取探索式因素分析針對校長
負向領導、正負向互動情緒及校長滿意度之各構面進行效度分析，統
計分析方法為使用主要成分分析法，並採用極變法進行直交轉軸，取
得本問卷各構面及各題目的因素負荷量，以奠基本研究之效度。

　　在運用統計分析後，本研究顯示校長負向領導之 12 題的因素負
荷量是在 .767 至 .909 之間，解釋變異量為 71.892%。正負向互動情
緒因素共計 22 題，經全部題目投入進行因素分析後，清楚地萃取出
兩個因素，第一個因素為負向互動情緒因素計 15 題，負荷量在 .612
至 .879 之間，解釋變異量為 48.613%；第二個因素為正向互動情緒
因素計 7 題，負荷量在 .561 至 .794 之間，解釋變異量為 19.983%。
校長滿意度因素共計 2 題，本構面之因素負荷量在 .972 至 .972 之間，
解釋變異量為 94.382%。概括說來，經過探索式因素分析的檢驗後，
如表 6-1 所示，本研究所建構而成的國民中小學校長負向領導、正負
向互動情緒及校長滿意度量表之效度頗為良好並可被接受。

表 6-1
校長負向領導、正負向互動情緒及校長滿意度正式問卷的探索式因素分析
（N=330）

因素名稱	序號及題目	因素負荷量	特徵值	解釋變異量
校長負向領導	1. 我的校長會用言語嘲弄我。	.878	8.627	71.892
	2. 我的校長會對我說我的想法是愚蠢的。	.839		
	3. 校長會在別人面前貶低我。	.909		
	4. 我的校長會在別人面前說我的壞話。	.889		
	5. 校長會對我說我的能力不足。	.800		
	6. 我即使很努力，也不會得到校長的言語肯定。	.867		
	7. 校長為了自己的面子而用言語怪責於我。	.896		
	8. 本校校長會侵犯我的隱私。	.826		
	9. 本校校長對我粗魯無禮。	.848		
	10. 校長不讓我和同事互動。	.767		
	11. 本校校長對我冷漠。	.866		
	12. 校長會因事情而對我生氣。	.774		
負向互動情緒	2. 害怕的。	.612	10.695	48.613
	4. 憂鬱的。	.835		
	5. 傷心的。	.831		
	6. 沒面子的。	.833		
	7. 氣惱的。	.823		
	8. 失望的。	.809		
	10. 灰心的。	.816		
	11. 緊張的。	.665		
	12. 激動的。	.784		
	13. 心酸的。	.879		
	14. 煩悶的。	.842		
	15. 委屈的。	.864		
	16. 忿怒的。	.863		
	18. 無奈的。	.795		
	20. 焦慮的。	.796		

因素名稱	序號及題目	因素負荷量	特徵值	解釋變異量
正向互動情緒	1. 快樂的。	.713	4.396	19.983
	3. 歡喜的。	.715		
	9. 心平氣和的。	.561		
	17. 驕傲的。	.617		
	19. 感激的。	.715		
	21. 有面子。	.794		
	22. 平靜的。	.621		
校長滿意度	1. 整體而言，我對本校校長感到滿意。	.972	1.888	94.382
	2. 整體而言，本校校長做事方式符合我的期待。	.972		

　　至於信度考驗部分，本研究量表的信度是採用 Cronbach α 係數來加以檢驗，α 係數為表示題目的內部一致性，從表 6-2 之統計顯示可知，本問卷調查校長負向領導構面的 Cronbach α 係數是 .961，負向互動情緒之 Cronbach α 係數為 .971，正向互動情緒的 Cronbach α 係數為 .859，校長滿意度的 Cronbach α 係數為 .939，由此可見，本研究國民中小學校長負向領導、正負向互動情緒及校長滿意度各構面的內部一致性是良好的。

表 6-2
國民中小學校長負向領導、正負向互動情緒與校長滿意度之內部一致性信度分析

層面	負向領導	負向互動情緒	正向互動情緒	校長滿意度
α 係數	.961	.971	.859	.939
題數	12	15	7	2

三、研究對象與實施程序

　　在研究對象與實施程序方面，由於學務主任與校長接觸較為頻繁，故本研究係以高雄市、屏東縣所有公立國中及國小學務主任為研究對象，而因研究人力之限制未能擴及其他處室主任及國內各縣市。本調查問卷直接郵寄給高雄市及屏東縣公立國民中學及國民小學學務主任，總計發出 520 份問卷，其中國民中學 112 份、國民小學 408份。總共回收問卷 332 份，占發出問卷的 63.84%，刪除填答不全問卷 2 份，可進行正式分析的問卷數量計 330 份，可用率為 63.46%，有效樣本的基本資料經統計分析整理於表 6-3。

表 6-3
有效樣本的基本資料分析

類別	項目	填答人數	百分比（%）
性別	男性	227	68.8
	女性	103	31.2
年齡	30-39 歲	81	24.5
	40-49 歲	212	64.2
	50-59 歲	34	10.3
	60 歲以上	3	.9
婚姻	已婚	278	84.2
	未婚	52	15.8
主任年資	1 年以內	43	13.0
	1 年 - 未滿 4 年	127	38.5
	4 年 - 未滿 8 年	61	18.5
	8 年以上	99	30.0
教育階段	國民小學	260	78.8
	國民中學	70	21.2

類別	項目	填答人數	百分比（%）
學校規模	小型	227	68.8
	中型	74	22.4
	大型	29	8.8
校長性別	男性	229	69.4
	女性	101	30.6
校長年齡	30-39 歲	3	.9
	40-49 歲	166	50.3
	50-59 歲	138	41.8
	60 歲以上	23	7.0
校長婚姻	已婚	318	96.4
	未婚	12	3.6
合計		300	100

四、資料處理

　　本研究之目的在於探究校長負向領導、正負向互動情緒及校長滿意度的關係，於回收正式問卷後，將有效的問卷填答內容資料直接輸入於電腦，且以 SPSS18.0 統計套裝軟體實施資料分析，本研究所採用之統計方法有以下列幾種：(1) 分析國民中小學校長負向領導、正負向互動情緒及校長滿意度各構面的平均數、標準差，以了解校長負向領導、正負向互動情緒及校長滿意度各構面之情況；(2) 以平均數差異顯著性考驗，以探究不同背景變項（主任性別、主任婚姻、服務教育階段、校長性別及校長婚姻）在校長負向領導、正負向互動情緒及校長滿意度之差異情形；(3) 以單因子變異數分析（one-way ANOVA）考驗不同背景變項（主任年齡、主任年資、學校規模及校長年齡）在校長負向領導、正負向互動情緒及校長滿意度的差異情

形，若差異達顯著水準，則將進一步以薛費法（Scheff'e method）進行事後比較；(4) 採用皮爾遜積差相關（Pearson's product-moment correlation）探討校長負向領導、正負向互動情緒及校長滿意度各構面間的相關情形，並以簡單迴歸（simple regression）之統計方法來分析校長負向領導對正負向互動情緒及校長滿意度各構面間之預測情況。

肆、研究結果分析與討論

一、國民中小學校長負向領導、互動情緒及校長滿意度之現況

（一）國民中小學校長負向領導現況

我們從表 6-4 的資料可知，目前國民中小學校長在負向領導構面上，平均每題分數的得分為 1.44。總括而言，在本研究的五點量表得分上校長負向領導被主任知覺是介於「不同意」與「很不同意」之間，故整體來看國中小學校長負向領導是屬於偏低的情況。

表 6-4
國民中小學校長負向領導之分析結果摘要表（N=330）

構面	平均數	標準差	題數	平均每題得分	每題最高得分
負向領導	17.36	7.21	12	1.44	5

（二）國民中小學主任知覺與校長互動情緒現況

經由表 6-5 之統計資料顯示可知，目前國民中小學主任知覺與校長的互動情緒上，負向互動情緒平均每題分數為 1.85，介於「不同意」與「很不同意」之間；正向互動情緒每題平均分數為 3.53，介於

「同意」與「普通」之間。因此可見，主任在與校長互動情緒之負向情緒是偏低，而正向情緒是屬於中間偏上的程度。

表 6-5
國民中小學主任與校長正負向互動情緒之分析結果摘要表（N=330）

構面	平均數	標準差	題數	平均每題得分	每題最高得分
負向互動情緒	27.85	11.62	17	1.85	5
正向互動情緒	24.76	4.82	5	3.53	5

（三）國民中小學主任知覺校長滿意度現況

　　經由表 6-6 的數據資料可知，目前國民中小學主任對校長滿意度構面上，平均每題分數為 3.85，介於「同意」與「普通」之間，並偏向「同意」。整體而言，主任對校長滿意度是屬於中上之程度，可見校長辦學及領導方式頗受學務主任的認同。

表 6-6
國民中小學主任知覺校長滿意度之分析結果摘要表（N=330）

構面	平均數	標準差	題數	平均每題得分	每題最高得分
校長滿意度	7.70	1.83	2	3.85	5

二、國民中小學校長負向領導、互動情緒及校長滿意度的差異情形

（一）不同性別主任的差異情形

　　不同性別主任在知覺校長負向領導、正負向互動情緒及對校長滿意度之平均數、標準差，以及 t 考驗結果，呈現於表 6-7。由表 6-7

的數據顯示，在校長負向領導、正負向互動情緒及校長滿意度各構面上，經由 t 考驗之後，不同性別主任並未達 .05（P<.05）的顯著水準，表示男女主任在知覺校長負向領導、與校長的正向互動情緒、與校長的負向互動情緒及對校長滿意度並沒有顯著差異。

表 6-7
不同性別主任在國民中小學校長負向領導、互動情緒與校長滿意度的差異情形

構面	類別	樣本數	平均數	標準差	t
負向領導	男	227	1.45	.61	.16
	女	103	1.43	.56	
負向情緒	男	227	1.80	.78	-1.76
	女	103	1.96	.75	
正向情緒	男	227	3.58	.70	1.84
	女	103	3.43	.64	
校長滿意度	男	227	3.93	.93	2.48
	女	103	3.66	.85	

（二）不同年齡主任的差異情形

由於 60 歲以上的樣本人數只有 3 人，故將 50-59 歲與 60 歲以上合併，進行統計分析。不同主任年齡在校長負向領導、正負向互動情緒及對校長滿意度得分之平均數、標準差、變異數分析及事後比較，如表 6-8 所示。透過表 6-8 的統計分析資料顯示，不同年齡的主任在知覺校長負向領導、正負向互動情緒及校長滿意度的差異，經由單因子變異數分析後，其差異均未達 .05（P<.05）以上的顯著水準，由此可知國民中小學主任年齡在知覺校長負向領導、正向互動情緒、負向互動情緒及對校長滿意度並沒有差異。

表 6-8
不同年齡主任知覺校長負向領導、互動情緒及校長滿意度的平均數、標準差與
變異數分析

構面	類別	樣本數	平均數	標準差	F 值
負向領導	30-39 歲	81	1.57	.74	3.021
	40-49 歲	212	1.38	.53	
	50-59 歲	37	1.49	.54	
負向情緒	30-39 歲	81	2.04	.85	2.428
	40-49 歲	212	1.79	.74	
	50-59 歲	37	1.82	.71	
正向情緒	30-39 歲	81	3.39	.73	2.616
	40-49 歲	212	3.61	.65	
	50-59 歲	37	3.39	.71	
校長滿意度	30-39 歲	81	3.69	1.03	1.752
	40-49 歲	212	3.91	.84	
	50-59 歲	37	3.79	.91	

（三）不同婚姻情況主任的差異情形

　　已婚與未婚之主任知覺校長負向領導、互動情緒及校長滿意度之平均數、標準差及 t 考驗結果，臚列於表 6-9。觀察表 6-9 之統計資料可見，不同婚姻狀況的主任在知覺校長負向領導、正負向互動情緒及校長滿意度的差異，經 t 考驗分析後，不同婚姻狀況並未達 .05（P<.05）的顯著水準，表示已婚與未婚的主任在知覺校長負向領導、與校長的正負向互動情緒及對校長滿意度並沒有顯著差異。

表 6-9
不同婚姻情況主任知覺校長負向領導、互動情緒與校長滿意度的差異情形

構面	類別	樣本數	平均數	標準差	t
負向領導	已婚	278	1.42	.55	-1.74
	未婚	52	1.58	.79	
負向情緒	已婚	278	1.82	.74	-1.55
	未婚	52	2.02	.89	
正向情緒	已婚	278	3.55	.66	1.18
	未婚	52	3.43	.78	
校長滿意度	已婚	278	3.87	.89	.93
	未婚	52	3.74	1.03	

（四）不同主任年資的差異情形

不同主任年資在察覺校長負向領導、與校長正負向互動情緒及對校長滿意度得分之平均數、標準差、F 值，如表 6-10 所示。觀察表 6-10 的統計數據可知，不同主任年資在知覺校長負向領導、正負向互動情緒及校長滿意度之差異，經由單因子變異數分析後，其差異均未達 .05（P<.05）以上的顯著水準，換言之各組未達顯著性的差異。扼要言之，不同年資主任在知覺國民中小學校長負向領導、正負向互動情緒及對校長滿意度上並沒有顯著的得分差別。

表 6-10
不同年資主任知覺校長負向領導、互動情緒與校長滿意度的平均數、標準差與變異數分析

構面	類別	樣本數	平均數	標準差	F 值
負向領導	1 年以下	43	1.42	.58	.429
	1-4 年	127	1.45	.62	
	4-8 年	61	1.51	.64	
	8 年以上	99	1.40	.54	

構面	類別	樣本數	平均數	標準差	F 值
負向情緒	1 年以下	43	1.81	.67	.837
	1-4 年	127	1.89	.81	
	4-8 年	61	1.94	.77	
	8 年以上	99	1.76	.76	
正向情緒	1 年以下	43	3.55	.57	.418
	1-4 年	127	3.48	.66	
	4-8 年	61	3.54	.71	
	8 年以上	99	3.59	.75	
校長滿意度	1 年以下	43	3.90	.80	.838
	1-4 年	127	3.75	.89	
	4-8 年	61	3.95	.96	
	8 年以上	99	3.88	.97	

(五) 不同服務階段的差異情形

服務不同教育階段的主任在感受該校校長負向領導、正負向互動情緒及對校長滿意度之平均數、標準差及 t 考驗結果，呈現於表 6-11。觀察表 6-11 的統計資料可知，在校長負向領導、正負向互動情緒及對校長滿意度各構面上，不同教育階段的校長負向領導、正負向互動情緒及對校長滿意度之平均數得分，經由 t 考驗結果，並未達 .05（P<.05）的顯著水準，表示服務於國中及國小之校長負向領導、正負向互動情緒及主任對校長滿意度並未有顯著差異。

表 6-11
不同服務階段之國民中小學校長負向領導、互動情緒及校長滿意度的差異情形

構面	類別	樣本數	平均數	標準差	t
負向領導	國小	260	1.43	.57	-.94
	國中	70	1.50	.68	
負向情緒	國小	260	1.84	.76	-.69
	國中	70	1.91	.80	
正向情緒	國小	260	3.57	.68	1.75
	國中	70	3.41	.69	
校長滿意度	國小	260	3.87	.90	1.02
	國中	70	3.75	.98	

（六）不同學校規模的差異情形

　　不同學校規模之國中小學主任所感受到校長負向領導、正負向互動情緒及校長滿意度的平均數、標準差、變異數分析及事後比較，可詳表 6-12。從表 6-12 之統計資料顯示，不同學校規模下的校長負向領導、主任與校長正負向互動情緒及校長滿意度的差異，經由單因子變異數分析後，其差異均未達 .05（P<.05）以上的顯著水準，總的說來，學校的大中小型規模並未影響校長負向領導、主任與校長的正負向互動情緒及對校長的滿意度。

表 6-12
不同學校規模之校長負向領導、互動情緒及校長滿意度的平均數、標準差與變異數分析

構面	類別	樣本數	平均數	標準差	F 值
負向領導	小型	227	1.45	.62	.130
	中型	74	1.45	.57	
	大型	29	1.39	.47	

構面	類別	樣本數	平均數	標準差	F 值
負向情緒	小型	227	1.86	.77	.086
	中型	74	1.86	.82	
	大型	29	1.80	.63	
正向情緒	小型	227	3.52	.68	.916
	中型	74	3.62	.68	
	大型	29	3.44	.71	
校長滿意度	小型	227	3.83	.92	.274
	中型	74	3.91	.97	
	大型	29	3.81	.74	

(七) 不同性別校長的差異情形

不同性別校長下的校長負向領導、主任知覺與校長的互動情緒及校長滿意度各構面之平均數、標準差及 t 考驗結果，呈現於表 6-13。從表 6-13 之統計可知，在校長負向領導、主任知覺與校長的互動情緒及校長滿意度各構面之平均數上，經由 t 考驗均達 .05（P<.05）的顯著水準，女性校長在負向領導得分上顯著高於男性校長，負向互動情緒上也是女性校長顯著高於男性校長，而正向互動情緒及校長滿意度之得分上，則男性校長顯著高於女性校長。

表 6-13
不同性別校長在校長負向領導、互動情緒及校長滿意度的平均數、標準差與變異數分析

構面	類別	樣本數	平均數	標準差	t
負向領導	男	229	1.39	.56	-2.43*
	女	101	1.56	.66	

構面	類別	樣本數	平均數	標準差	t
負向情緒	男	229	1.77	.71	-2.93*
	女	101	2.04	.86	
正向情緒	男	229	3.60	.67	2.57*
	女	101	3.39	.69	
校長滿意度	男	229	3.94	.87	3.00*
	女	101	3.62	.97	

*P<.05

(八) 不同年齡校長的差異情形

　　不同年齡校長在校長負向領導、正負向互動情緒及校長滿意度得分之平均數、標準差、變異數分析及事後比較，如表 6-14 所示。經由表 6-14 之統計數據分析可以得知，不同年齡的校長在校長負向領導、主任與校長的正負向互動情緒及校長滿意度的差異，經由單因子變異數分析及事後比較後，各組均未達 .05（P<.05）的顯著水準。概括而言，不同年齡校長在校長負向領導、正負向互動情緒及校長滿意度上並沒有顯著的差異。

表 6-14
不同年齡校長在校長負向領導、互動情緒及校長滿意度的平均數、標準差與變異數分析

構面	類別	樣本數	平均數	標準差	F 值
負向領導	30-39 歲	3	2.05	1.35	2.595
	40-49 歲	166	1.40	.59	
	50-59 歲	138	1.44	.57	
	60 歲以上	23	1.68	.60	

構面	類別	樣本數	平均數	標準差	F 值
負向情緒	30-39 歲	3	1.97	1.69	3.579
	40-49 歲	166	1.77	.75	
	50-59 歲	138	1.87	.75	
	60 歲以上	23	2.33	.75	
正向情緒	30-39 歲	3	2.14	.89	4.969
	40-49 歲	166	3.59	.66	
	50-59 歲	138	3.51	.69	
	60 歲以上	23	3.41	.64	
校長滿意度	30-39 歲	3	3.16	1.89	1.854
	40-49 歲	166	3.92	.88	
	50-59 歲	138	3.82	.92	
	60 歲以上	23	3.54	.97	

（九）不同婚姻情況校長的差異情形

　　不同婚姻情況校長在校長負向領導、正負向互動情緒及校長滿意度得分之平均數、標準差及 t 考驗結果，如表 6-15 所示。觀察表 6-15 之統計資料分析顯示，不同婚姻狀況的校長在校長負向領導、正負向互動情緒及校長滿意度的差異，經由 t 考驗後，其差異均未達 .05（P<.05）以上的顯著水準，質言之，統計結果發現在校長負向領導、正負向互動情緒及校長滿意度上，與校長的婚姻狀態並沒有關聯性。

表 6-15
不同婚姻情況校長在校長負向領導、互動情緒及校長滿意度的平均數、標準差與變異數分析

構面	類別	樣本數	平均數	標準差	t
負向領導	已婚	318	1.44	.59	.94
	未婚	12	1.45	.75	

構面	類別	樣本數	平均數	標準差	t
負向情緒	已婚	318	1.85	.77	.80
	未婚	12	1.91	.74	
正向情緒	已婚	318	3.53	.68	.91
	未婚	12	3.55	.75	
校長滿意度	已婚	318	3.84	.91	.92
	未婚	12	3.87	1.08	

三、國民中小學校長負向領導、正負向互動情緒及校長滿意度各構面之相關

　　在探討國民中小學校長負向領導、正負向情緒與校長滿意度之現況及差異情形後，本研究亦探析各主要變項之間的積差相關，以了解變項間的關係。由表 6-16 之統計發現，校長負向領導與負向互動情緒呈正相關，校長負向領導與正向互動情緒及校長滿意度呈負相關，且正向互動情緒與校長滿意度呈顯著正相關，負向互動情緒與校長滿意度呈負相關。概括說來，校長負向領導愈多，則主任知覺與校長的負向互動情緒愈多而正向互動情緒愈少，且對校長滿意度也會愈低。

表 6-16
國民中小學校長負向領導、正負向互動情緒與校長滿意度各構面之相關分析結果摘要表（N=330）

	負向領導	正向情緒	負向情緒	校長滿意度
負向領導	-			
正向情緒	-.571**	-		
負向情緒	.768**	-.665**	-	
校長滿意度	-.648**	.797**	-.648**	-

**$P<.01$

四、國中小學校長負向領導對正負向互動情緒及校長滿意度之預測作用

關於校長負向領導對正負向互動情緒、校長滿意度之預測情形，依據迴歸分析，統計分析結果呈現於表 6-17 至表 6-19。

從表 6-17 至表 6-19 的統計資料發現，校長負向領導在預測負向互動情緒、正向互動情緒及校長滿意度上，均達 .001（P<.001）的顯著水準，表示校長負向領導對正負向互動情緒及校長滿意度具有預測作用。

表 6-17
校長負向領導預測負向互動情緒的迴歸分析

投入變項	多元相關係數（R）	決定係數（R 平方）	β 係數	F
負向互動情緒	.768	.590	.768	471.162***

***P<.001

表 6-18
校長負向領導預測正向互動情緒的迴歸分析

投入變項	多元相關係數（R）	決定係數（R 平方）	β 係數	F
正向互動情緒	.571	.327	-.571	159.049***

***P<.001

表 6-19
校長負向領導預測校長滿意度的迴歸分析

投入變項	多元相關係數（R）	決定係數（R 平方）	β 係數	F
校長滿意度	.648	.420	-.648	237.899***

***P<.001

五、綜合討論

　　經由統計分析，本研究顯示國中小學校長負向領導是偏低的，在五點量表得分平均數為 1.44，可見國中小學校長不會展現太多的負向領導，其原因可能是學校是教育的環境，鼓勵建立充滿愛及溫馨的情境，故教育領導者通常也比較不會有負向的領導行為。主任知覺與校長的負向互動情緒在五點量表得分平均數是 1.85，正向互動情緒是 3.53，可見整體來看校長與主任間的互動情緒狀態頗佳，這對於主任的心理健康及工作表現是有所幫助的。再者，本研究發現主任對校長滿意度是屬於中上程度，顯示整體而言中小學校長的領導頗受主任的肯定。

　　再者，由於過去較少有背景變項與校長負向領導、正負向互動情緒及校長滿意度之研究，故本研究將此視為探索性研究。本研究所探析不同背景變項下的校長負向領導、正負向互動情緒及校長滿意度之差異情形，在統計數據分析之後，整體觀之，除了校長性別外，不同的校長背景變項（年齡、婚姻）、主任背景變項（性別、年齡、婚姻、主任年資）及學校環境背景變項（教育階段、學校規模）在校長負向領導、正負向互動情緒及校長滿意度各變項上無顯著差異，間接表示國中小學校長負向領導、正負向互動情緒及主任對校長滿意度未受到上述各背景變項之影響，此一發現可供未來探討此領域之研究者參考。其中本研究發現女性校長負向領導得分顯著高於男性校長，此一研究結果與蔡進雄（2014）的研究相符。

　　至於主要變項間彼此的相關，本研究結果顯示國民中小學校長負向領導與主任對校長的正向互動情緒知覺呈負相關，且與負向互動情緒呈顯著正相關，校長負向領導亦與主任對校長滿意度呈負相關。蔡進雄（2014）研究也發現校長不當督導會負面影響主任的幸福感。此外，本研究經由迴歸分析進一步發現，校長負向領導對於正負向互動

情緒及校長滿意度具有顯著預測作用。綜言之，本研究顯示校長負向領導對於互動情緒及部屬對校長滿意度均有負面的影響。

伍、結論與建議

長期以來，對於領導理論之探究大都聚焦於各種能引發組織及成員良好表現之領導模式或行為，惟邇來負向領導已逐漸受到學術研究者之重視。本研究透過負向領導之理論探究及實徵研究，從另一面向來觀照校長領導。透過文獻探討及問卷調查等有系統的研究實施程序，本研究獲得以下的結論：(1) 國民中小學校長表現低程度的負向領導，主任與校長的負向互動情緒知覺是低的，而正向互動情緒知覺是中上程度，且主任對校長有中上的滿意程度；(2) 概括地說，除校長性別外，本研究所探析之不同背景變項在校長負向領導、正負向互動情緒與主任對校長滿意度等變項上並沒有顯著差異；(3) 國民中小學校長負向領導與負向互動情緒呈顯著正相關，校長負向領導與正向互動情緒呈負相關，校長負向領導與主任對校長滿意度有顯著負相關，另外負向的互動情緒與校長滿意度呈負相關，正向的互動情緒與校長滿意度呈正相關。質言之，校長負向領導愈高，主任與校長的互動情緒會愈負面，且對校長滿意度相對也會降低；(4) 經由統計顯示，校長負向領導對正負向互動情緒及校長滿意度具有預測作用。

基於研究的顯示及結論，本研究的建議分述如下：

一、國民中小學校長宜減少運用負向領導行為

經由本研究對於校長負向領導的研究，顯示校長負向領導對於主任與校長的正向互動情緒及主任對校長滿意度確實會有負面的影響，是故建議國民中小學校長應該減少運用負向領導行為，例如冷漠、言

語嘲弄、否定成員的能力等。

二、校長宜重視與成員的互動情緒

　　本研究顯示正向互動情緒與對校長滿意度呈正相關，負向互動情緒與對校長滿意度呈負相關，也就是說主任知覺與校長的正向互動情緒愈多，對校長滿意度也會較高，因此建議校長多重視與成員的互動情緒。質言之，所謂情緒管理不僅是管理好自己的情緒，也要管理別人的情緒，故校長宜多表現正向情緒以感染影響成員的正向工作士氣與情緒，另一方面減少所散發的負面情緒，並隨時關注與成員互動時成員的情緒狀態，必要時進行校長領導行為的調整，例如發覺與成員互動時，成員常表現緊張或害怕的情緒，則校長宜多展現親和的一面及多正向肯定成員的表現，如此將有助於與成員的溝通與互動。

三、國民中小學主任可正向解讀校長負向領導

　　所謂「一切唯心所現」、「境隨心轉」，是故倘若主任面對校長的負向領導，建議可調整個人的認知與觀察角度，因為部屬的正向解讀、調整因應與積極面對可降低校長負向領導的負面衝擊，另外運用個人內在之自我管理及自我酬賞，則可減少外在領導者之負面領導的制約與負面影響。

四、對於未來研究的建議

　　建議未來研究者可進一步省思及了解正向領導與負向領導二分法是否過於簡化，因為領導行為是複雜的，不是正向或負向可以二分的。再者，判斷正向領導或負向領導的標準是以組織效能為準亦或以成員的滿意度為依據，都可以加以討論，因為領導行為有可能是利於組織效能達成但卻損害到部屬的工作士氣，而此類領導行為是被歸類正向或負向領導，值得深思與探究。此外，可

探討負向領導的各項環境條件，因為我們不能忽略情境因素對於正向領導及負向領導的判定與影響，例如組織危機情境下的負向領導，因此建議未來研究者也可將情境因素納入負向領導研究的面向。

參考文獻

中文文獻

吳文傑（2011）。**主管表達生氣與員工離職意圖間關係之干擾效應研究**。國立臺北科技大學商業自動化與管理研究所碩士論文，未出版，臺北市。

吳宗祐（2008）。由不當督導到情緒耗竭：部屬正義知覺與情緒勞動的中介效果。**中華心理學刊，50(2)**，201-221。

吳宗祐、鄭伯壎（2003）。組織情緒。載於鄭伯壎、姜定宇、鄭弘岳編，**組織行為研究在台灣：三十年回顧與展望**（頁 153-187）。新北市：桂冠。

吳昆壽譯（2014）。**領導才能：理論與實務**。P. G. Northhouse 原著。臺北市：華騰。

李宜蓁（2006）。**不同威權領導的負面效果：檢視部屬負面情感的中介角色**。臺灣大學心理學研究所碩士論文，未出版，臺北市。

洪珮慈（2014）。**主管不當督導與員工創新行為和脈絡績效之關係：以分配正義與互動正義為干擾變項**。國立彰化師範大學人力資源管理研究所碩士論文，未出版，彰化縣。

胡昌亞、鄭瑩妮（2014）。不當督導研究回顧與前瞻。**中華心理學刊，56(2)**，191-214。

徐仲欣（2005）。認識情緒。載於唐璽惠等合著，**情緒管理與壓力調適**（頁 19-43）。臺北市：心理。

張春興（1991）。**現代心理學**。臺北市：東華。

張珮菁（2012）。**組織政治、領導風格與員工心理幸福感關係之研究**。世新大學企業管理研究所碩士論文，未出版，臺北市。

張新如（2011）。**知覺主管職場無禮、歸因風格、負向互損、組織自尊與抑止**

　　努力關係之研究。國立彰化師範大學人力資源管理研究所碩士論文，未出版，彰化市。

許境頤、江彧慈（2013）。「罵」有用嗎？以資源保存理論看不當督導對部屬的影響。**人力資源管理學報，13**(1)，81-104。

郭建志（2009）。**領導行為與員工反應：主管意圖歸因的調節效果**。國立中正大學心理學研究所碩士論文，未出版，嘉義縣。

郭建志、蔡育菁（2012）。組織挫折與職場退縮：主管不當督導與工作內外控之研究。**中華心理學刊，54**(3)，293-313。

黃郁芬（2014）。**組織負向領導之研究：對員工幸福感之影響**。育達科技大學企業管理研究所碩士論文，未出版，苗栗縣。

廖裕月（1998）。**國小校長轉化領導型式與領導效能之研究：以北部四縣市為例**。國立臺北師範學院國民教育研究所碩士論文，未出版，臺北市。

劉秀慧（2010）。**工作組織中的不當督導**。國立屏東科技大學企業管理學系碩士在職專班碩士論文，未出版，屏東市。

蔡進雄（2006）。超越轉型領導：國小校長運用新轉型領導與教師對校長領導滿意度關係之研究。**教育經營與管理研究集刊，2**，51-77。

蔡進雄（2009）。**國民中小學校長領導之研究：專業、情緒與靈性的觀點**。臺北市：高等教育。

蔡進雄（2000）。**轉型領導與學校效能**。臺北市：師大書苑。

蔡進雄（2014）。國民中小學校長不當督導影響主任對校長信任及幸福感之研究。載於「**縣市教育力與教育發展學術研討會大會手冊**」。主辦單位：國立臺灣師範大學教育政策與行政研究所、臺灣地方教育發展學會、淡江大學教育政策與領導研究所、國立臺灣師範大學教育研究與評鑑中心。

賴後佑（2013）。**棒球教練負向領導行為對球員績效的影響**。國立體育大學休閒產業經營學系碩士班碩士論文，未出版，桃園縣。

謝傳崇（2012）。**校長正向領導：理念、研究與實踐**。臺北市：高等教育。

饒見維（2008）。**情緒涵養**。臺北市：五南。

英文文獻

Bolton, C. L., & English, F. W. (2010). De-constructing the logic/emotion binary in educational leadership preparation and practice. *Journal of Educational Administration, 48*(5), 561-578.

Daborough, M. T., & Ashkanasy, N. M. (2002). Emotion and attribution of intentionality in leader-member relationships. *The Leadership Quarterly, 13*(5), 615-634.

Einarsen, S., Aasland, M. S., & Skogstad, A. (2007). Destructive leadership behavior: A definition and conceptual model. *The leadership Quarterly, 18*(3), 207-216.

Frieder, R. E., Hochwarter, W. A., & DeOrtentiis, P. S. (2015). Attenuating the negative effects of abusive supervision: The role of proactive voice behavior and resource management ability. *The Leadership Quarterly, 26*, 821-837.

Harvey, P., Harris, K. J., Gillis, W. E., & Martinko, M. J. (2014). Abusive supervision and the entitled employee. *The Leadership Quarterly, 25*, 204-217.

Lipman-Blumen, J. (2005). *The allure of toxic leaders: Why we follow destructive bosses and corrupt politicians—and how we can survive them.* New York: Oxford University Press.

Seo, M., Barrett, L. F., & Bartunek, J. M. (2004). The role of affective experience in work motivation. *Academy of Management Review, 29*(3), 422-439.

Tepper, B. J. (2000). Consequences of abusive supervision. *Academy of Management Journal, 43*(2), 178-190.

Tepper, B. J. (2007). Abusive supervision in work organizations: Review, synthesis and research agenda. *Journal of Management, 33*, 261-289.

Visser, V. A., Knippenberg, D. Kleef, G. A., & Wisse, B. (2013). How leader displays of happiness and sadness influence follower performance: Emotional contagion and creative versus analytical performance. *The Leadership Quarterly, 24*, 172-188.

Wu, T., & Hu, C. (2009). Abusive supervision and employee emotional exhaustion: Dispositional antecedents and boundaries. *Group & Organization Management, 34*(2), 143-169.

Xu, A. J., Loi, R., & Lam, L. W. (2015). The bad boss takes it all: How abusive supervision and leader-member exchange interact to influence. *The Leadership Quarterly, 26*, 763-774.

（本文 2016 年曾發表於《教育科學期刊》，第 15 卷第 1 期，頁 57-85。）

第七章
教師領導三層次的論述建構與省思

壹、前言

　　如果領導是影響力的發揮，則學校組織裡人人都可以成為領導者，發揮其正向優質的影響力，是以學校教師也是領導者，可散發其影響力，服務更多人群。Barth（2001）曾主張所有教師都能領導（all teachers can lead）的革命式觀念，要由「我只是老師」（I'm just a teacher）轉變為「我是教師領導者」（I'm a teacher leader）。Harris（2003）也認為教師領導是建立於學校組織權力重新分配，以及從科層控制到同儕控制的前提之上。顯然地，教師領導可反映出教師的能動性（agency）（Derrington & Angelle, 2013）。

　　早期國內在探討教師領導均是聚焦於教師對班級及學生的領導（陳木金，1997；蔡進雄，1995），例如探究教師採取倡導及關懷行為對班級氣氛及學業成就的關係，及至《論教師領導的趨勢與發展》（蔡進雄，2004）一文，指出教師應走出教室之外，發揮更大的影響範圍，並認為教師領導可包括學校層面、同儕層面、班級學生層面，且可分正式領導與非正式領導，正式的領導角色有輔導實習教師、參與校務發展及領導班級學生等，非正式的領導角色可藉由專業對話影響同事或支持協助同儕專業發展等（蔡進雄，2004），此後國內研究者如雨後春筍般投入不僅關注於教室內，也著重於教室外

對同儕、新進教師或校務參與之教師領導研究，並且有了豐碩的研究
成果（丁一顧、張德銳，2010；方美金，2011；王淑麗、莊念青、
丁一顧，2016；吳百祿，2009，2010；李俊湖，2007；徐超聖、梁
雲霞，2011；張世璿、丁一顧，2016；張德銳，2010；張德銳、張
素偵，2012；張慶勳，2015；莊勝利，2005；郭騰展，2007；陳玉
桂，2006；陳佩英，2008；劉乙儀、張瑞村，2014；蔡進雄2005，
2007，2011，2015a；羅嘉慧，2010），自此國內有關於教師領導的
探究已經悄悄地走向第二波的教師領導。

　　教師領導三層次的理念（蔡進雄，2016a），其主張為第一層教
師領導是教師在教室內對班級及學生的領導，第二層教師領導是除了
進行第一層教師領導外，還將影響力擴及至教室外，與同儕的對話分
享、對新進教師的輔導、參與校務及與家長的溝通互動等，而教師領
導第三層是教師的影響力拓展至學校外，進行跨校或更大社會的服務
與影響。

　　基於前述，本文以教師領導三層次的概念為核心，首先探討教師
領導三層次的意涵，其次分析教師領導三層次的相關理論基礎，之後
闡明教師專業學習社群與網路科技可促進三層次教師領導，接著爬梳
教師領導三層次的實施困難、發展因子及教師領導三層次的人性觀、
學習觀、權力觀與文化觀，最後探析教師領導三層次的省思等，冀望
深化教師領導三層次的理念，以為未來國內教師領導邁入下一波教師
領導預作準備與因應。

貳、教師領導三層次的意涵

　　誠如前揭所言，早期教師領導之探討關注於教師對學生的領導及
班級教學，之後將教師領導探究擴及至校務參與及對同儕的專業協助

影響，而教師領導第三層次甚至期望教師能將影響力擴展到跨校、跨學區或更大的社會影響力。

如圖 7-1 示所，教師領導（teacher leadership）有三個層次（蔡進雄，2016a），第一個層次是屬於教室內之教師對學生及班級經營的領導，這類的教師領導是早期被探究的課題，這也是擔任中小學教師的基本職責與角色。第二層次的教師領導係指教師除了在教室內從事教學與學生輔導及對學生進行領導外，亦期望教師能走出「教室王國」，從事更多的服務與影響力發揮（蔡進雄，2004，2011，2016a；Barth, 2001; Harris, 2003; Wenner & Campbell, 2017; York-Barr & Duke, 2004），包含協助同儕專業發展及參與校務等，而不僅限於領導學生及從事教室內的教學工作。爰此，新的時代下之教師領導對於教師角色與職責有了更多的期望，亦即過往多數的教師都將焦點集中於教室內的教學及學生輔導，但新世紀的教師還必須參與校務決定、輔導協助新進教師、參與教師專業成長等任務與角色（蔡

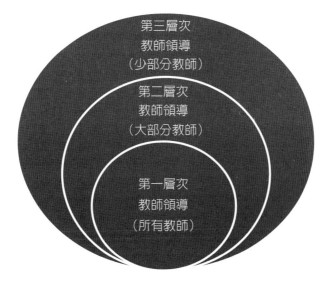

圖 7-1　教師領導的三層次

資料來源：修改自蔡進雄，2016a：75。

進雄，2016a），承擔更多教室外的領導責任（Wenner & Campbell,
2017），這即是教師領導第二層次的概念。

　　至於第三層次的教師領導是少部分教師扮演參與教育改革、跨校
影響力或推動學校革新的領導角色。Giroux 也強調基層教師要增權
賦能及宏揚社會責任，不再侷限於學校之內，還要走入社區與社會
（周佩儀，2006；Giroux, 1988）。因此，基本上教師領導除了前述
之教室內與教室外的領導與影響力外，教師還可在學校外發揮影響力
（蔡進雄，2016a），此亦是本文對於教師領導所新融入之論述與觀
察。研究也發現臺北市教學輔導教師領導的發展歷程是以教室出發為
起點，接著成為領域之領頭羊，之後擔任教師與行政溝通的橋梁，至
此有些教師進入學校行政系統實踐理想，發展歷程的最後都走出校
園，發揮對教育更大之影響力（王淑麗、莊念青、丁　·顧，2016）。
由此可見，教師領導三層次不僅是一種理念的提出，在教育實務現場
亦有其脈絡可循。

　　總括說來，隨著社會及教育環境的變遷，教師領導的定義與內涵
元素亦是不斷地在調整與轉變中。質言之，筆者認為最為廣義的教師
領導可定義為：教師領導即是教師影響力的發揮。據此，教師領導的
定義範疇就依著人們如何界定教師的角色與影響力，是以教師領導三
層次亦可廣義定義為教師對學生、同儕教師、家長、校務、跨校及社
會之正向優質影響力發揮。進一步闡明如下：

　　1.對學生而言：教師對學生的領導與影響是教師職責，此亦是本
文所指的第一層教師領導，基本上教師應把根留在教室內。

　　2.對同儕教師而言：教師與同儕的互動交流及對同儕的影響愈來
愈被看重，這是第二層教師領導。舉例說來，國內教學輔導教師制度
的推動（張德銳、王淑珍，2000），強調輔導教師對新手或資淺教師
的輔導與協助，參與教師能感受實施的成效（張民杰，2010），這就
是一種教室外教師領導第二層次的概念。

3.對家長及校務而言：親師溝通是教師的職責，所以教師可對家長產生影響力，而由於學校本位管理的推動及教師專業自主的倡導，因此教師參與校務及專業決定的角色愈加顯明，教師對家長及校務決定的影響力亦是屬於第二層次的教師領導。

4.對跨校及社會來說：少數教師可擔任輔導團團員，或教師藉由參與跨校專業學習社群及跨校共同備課，或教師參與教育改革及教師會團體，此外教師透過網路科技傳播理念等，都有機會對社會或跨學區產生正向的影響力。

參、教師領導三層次的相關理論基礎

在認識教師領導三層次的新概念後，接下來從新專業主義、學校微領導、風險社會、分散式領導、創業家精神等面向闡述教師領導三層次的理論基礎。

一、新專業主義

由於教師角色的轉變，Hargreaves（1994）提出新專業主義的概念。新專業主義有別於傳統專業權威，強調教師能與同事、學生及家長等發展出更合作、更密切的關係。有關新專業主義的特徵包括從個人到共同合作（from individualism to collaboration）、從一個人到二個人（from ones to twos）、從科層體制到團隊（from hierarchies to teams）、從監督到師傅（from supervision to mentoring）、從職業訓練到專業發展（from inservice training to professional development）、從聯盟到夥伴關係（from liaison to partnership）、從權威到契約（from authority to contract）、從歷程到結果（from process to product）、從生存到增權賦能（from survivalism to empowerment）

（郭丁熒，2004；Hargreaves, 1994）。質言之，教師如果想要變得更專業，就必須更開放自己（Hargreaves, 2000）。

由上述可見，新專業主義對於教師有更多的期待，不僅於教學工作，還期待教師與同儕、家長發展互動合作之密切關係。顯然地，教師新專業主義與教師領導三層次有諸多共同關注的面向，例如同樣認為教師應走出教室外，與他人互動連結，而不是僅強調其專業自主，爰此，新專業主義可視為教師領導三層次的相關理論基礎。

二、學校微領導

由於網際網路及資訊科技的發達，以及校園民主化，使得校園裡每個成員都可以無所不在的（ubiquitous）發揮其影響力，微領導於是存在於每個人（蔡進雄，2016b，2017）。申言之，學校微領導產生的背景條件主要是網路科技及校園民主化，在此環境脈絡下，使得領導角色不再完全集中於學校領導者一人，每個成員都能發揮無所不在及細小的力量，並可以匯聚成為改變教育的大力量（蔡進雄，2016b，2017）。

質言之，學校微領導時代已經來臨，學校微領導是學校裡每個人都可發揮其細小且又隨時隨地的影響，故未兼行政職務的教師當然也可發揮其無所不在的影響力。因此，學校微領導亦是教師領導能夠發展並於校園生根的重要理論基礎。

三、風險社會

風險社會（risk society）理論指出專家知識的侷限性（周桂田、張淳美，2006；Beck, 1992），故常民知識應被等量齊觀的看重，換言之，校園裡的每個教育人員的知識與觀點不可被忽略（蔡進雄2016b）。周桂田（2014）亦曾從風險社會的角度表示政府長期以來習於由上而下、威權的風險管制，但在風險社會中，人們應該積極的

參與、實踐與建構當下及未來的社會發展。循此，在風險社會之教育
及社會環境裡，教師應該是積極參與及實踐的，教育生命力應該是來
自於喚醒教師的豐沛、巨大力量（蔡進雄、李森永，2016）。

總之，風險社會強調在地知識的重要性，是以就學校而言，教師
的在地知識是學校不可或缺的一環，能對學校發展有所助益。此外宜
多讓教師發揮其長才，引發教育由下而上之教師無限的潛能與力量，
貢獻給更大範圍的教育及社會。職是之故，風險社會可以成為教師領
導三層次推展之相關理論。

四、分散式領導

在教育領導領域有關分散式領導（distributed leadership）之研究
逐漸增加（Gronn, 2008; Hargreaves & Fink, 2008; Heck & Hallinger,
2009; Mascall, Leithwood, Straus, & Sacks, 2008; Spillane & Diamond,
2007; Spillane, 2006）。Dimmock（2003）主張領導是廣泛散布於
整個學校的滲透過程。分散式領導是指將責任與權威分配給別人
（Harris, 2003），進而言之，分散式領導是指領導之來源不限於正
式領導者，而是組織內人人在不同職位、不同角色貢獻其專業知能及
專長，而成為有影響力的領導者（蔡進雄，2010a）。

綜言之，分散式領導已是學校組織相當被看重的領導型態，校長
將權力授權給教師，尤其是專業方面的決定，教師可說擁有愈來愈多
的專業影響，因此分散式領導的倡導不僅有助於教師領導的發展，亦
可作為教師領導三層次的相關重要理論基礎。

五、創業家精神

創業家精神（entrepreneurship）是社會發展不可或缺的因素
（Yemini, Addi-Raccah, & Katarivas, 2015），而所謂創業家精神並不
一定是指要獨自開創新的實體事業，在自己的工作上像創業家一樣勇

敢、持續成長及努力不懈地最大化工作績效，這也是一種創業家精神的體現（羅天一、盧希鵬，2010），是以人人都可以成爲教育創業家。教育創業家並不是去開創一個新的組織，而是鼓勵培養及實踐創業家的創新及主動精神。

職此之故，教師亦可成爲教師創業家，這類教師不斷擴展其影響力，包括教室內、教室外及學校外。Berry 等人亦曾指出教師創業家並不是一般創業家，教師創業家仍然留在現場教學，但可發展課程、擔任新進教師師傅、進行研究並與其他組織合作，換言之是以教學專業爲基礎加以發展，且教師創業不是爲了豐富的經濟報酬，而是發展出強調創意及創新的文化，這是目前教育領域較爲欠缺的（李弘善譯，2013；陳蕙芬，2014），Berry（2015）表示未來應從教師評鑑及報酬系統等鼓勵更多的教師成爲教師創業家。因此，由於教師創業家精神期待教師對於同儕、學校及教育主動做出更大的貢獻，故創業家精神可成爲強調影響力之教師領導三層次的重要相關理論基礎。

肆、專業學習社群及網路科技 —— 可促進教師領導三層次的發展因子

關於促進教師領導三層次發展的因子，可從專業學習社群與網路科技兩方面加以闡述如下：

一、教師專業學習社群與教師領導三層次

學習社群是一群人對所屬之團體組織有歸屬感及認同感，且有共同的目標與價值，並透過分享、協助及平等對話等學習方式，以提升專業知能，最後促進組織目標之達成（蔡進雄，2009）。準此，教師

專業學習社群是一群教師常常互動分享討論的團體，強調彼此的對話討論、合作與支持分享，所以專業學習社群是鼓勵教師走出教室外與同儕互動。此外，從表 7-1 也可知，教師之新工作情境是由個人主義到專業社群，由教學中心轉移到學習中心，從技術工作到智性工作，從控制到績效責任，從管理到領導，由焦點在教室到焦點在整個學校（Blasé & Blasé, 2004）。

表 7-1
教師的新工作情境

從舊秩序		到新工作情境
個人主義、孤立、私人	⟶	專業社群（基於同僚、開放、信任）
教學為中心	⟶	學習為中心（焦點在學生如何學）
技術工作	⟶	智性工作
控制	⟶	績效責任
管理	⟶	領導
焦點在教室	⟶	焦點在整個學校

資料來源：Blasé & Blasé, 2004: 177。

扼要言之，教師專業學習社群可引導教師走到第二層的教師領導，教師活動範圍不再僅限於教室內的師生關係，而是對於同儕專業、家長成長及校務有所參與及分享。再者，如果是跨校的教師專業學習社群或共同備課，更容易把教師帶往第三層次教師領導，故教師專業學習社群可有效促進教師領導三層次的發展。而令人欣見的是，國內教師專業學習社群已是學校的重要發展方向（林思伶、蔡進雄，2005；張德銳、王淑珍，2000；連倖誼、張雅筑，2017；蔡進雄，2010b，2015b；鍾昀珊、戰寶華，2015），甚至逐漸深耕於校園文化及教師文化，這對於實踐教師領導三層次是相當重要的驅動因子。

二、網路科技與教師領導三層次

　　網路傳播的特質是去中心、快速流動、虛擬真實、共同參與及公私難分等（吳筱玫，2003），而這些網路傳播的特質影響著學校的人際溝通與行政運作（蔡進雄，2017）。再者，因為網路之發達，專業知識將從個別專家的特質轉變為網際網路的特質，而網路化的專業知識之所以有力量，是因為網路讓差異彼此相連，故網路化的專業知識比較像是喧囂的市集，裡面充斥各種想法、知識和權威（王年愷譯，2014），網路傳播讓我們的世界改變了，並促使第三層次的教師領導有更大的發展想像。

　　詳言之，由於中小學教師平日授課時數多，不像大學教師有比較多的時間彈性，因此要走到第三層次之學校外的教師領導，確實有其侷限，惟如前述網路科技的發達孕育專家知識的網絡化趨勢，教師可藉由科技網路媒體來突破時間及空間的限制，例如教師可將教學與課程理念於 YouTube、臉書（Facebook）或諸多社群媒體等加以傳播，散發其無遠弗屆的影響力，一樣可對更多的教師及更大的社會有所貢獻。例如有國小教師將書法教學製作微影片，置於 YouTube 供大眾學習與參考，許多愛好書法者都可從此微影片中學習，這就是教師穿越時空限制展現第三層次教師領導的例子。

伍、推展教師領導三層次可能面臨的困難

　　Donaldson（2001）陳述學校領導之文化脈絡現象是教師的酬賞是內在及以學生為焦點、具個人主義、教師同事間是自願及隨意的、教師半專業、組織議題是行政人員的領域。張德銳（2010）也曾從校長領導方式、學校組織結構、教師文化、領導支持系統等四個層面闡

明教師領導實施所面對困境。

　　關於教師領導可能面對的困難，由圖 7-2 之歸納來看（蔡進雄，
2011），我們期待教師致力於班級教學及學生輔導，同時亦期望教師
能參與校務、協助同儕專業發展、引導家長參與、協助社區發展及跨
校服務，以發揮更大的影響力。但實踐教師領導所面臨的瓶頸與問
題，就教師個人而言包括意願及時間，研究發現大部分的教師並不想
成為正式的行政角色（Lowery-Moore, Latimer, & Willate, 2016），而
授課時數多及工作壓力因素也都使得教師領導的活動範圍限縮；以外
在因素來看包括制度及環境，雖然制度面向已有明文規定「教師對教
學及行政事項有提供興革意見」之權利（教師法第十六條），但對於
教師在教室之外的任務與影響並沒有給予太多獎勵措施與誘因（蔡進
雄，2011），使得教師領導要完全推展與落實有其困難度。

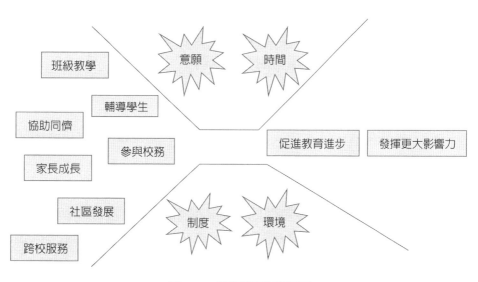

圖 7-2　教師領導的瓶頸

資料來源：修改自蔡進雄，2011：15。

　　詳言之，第二層教師領導的困難在於教師授課時數多、工作壓力大、教師意願不足、教師文化偏向單打獨鬥、制度沒有提供太多誘因、校長領導型態、學校文化及氣氛等，使得教師不願走出教室外與同儕有更多的專業互動與分享。而延伸推展到第三層次教師領導同樣地也會面對前述的困境，故若要進行更大範圍的第三層次教師領導，則教師的教育使命、能量及專業動能須更為強大，如此才能滲透發展到第三層次的教師領導。

陸、教師領導三層次的人性觀、學習觀、權力觀與文化觀

　　在了解教師領導三層次的意涵、教師領導三層次的相關理論基礎及推展教師領導三層次的可能瓶頸後，接下來進一步闡述教師領導三層次的人性觀、學習觀、權力觀與文化觀。

一、人性觀

　　就人性觀來看，基本上人性可分善、惡兩種來看待，如果以管理學的角度觀之，若視人性本惡，則會採取嚴格管制，如視人性本善，則會採用鼓勵及民主方式。依此而論，教師領導三層次是採人性本善的光明面觀點，認為絕大多數的教師不僅認真於班級教學與學生輔導，且會樂於和同儕一起分享、專業對話及彼此合作，行有餘力更願意對教育做出更大的貢獻。扼要言之，教師領導三層次理論是基於人性本善之樂觀態度，認定教師會自動自發並主動積極散發正向影響於教室內、教室外，甚至於學校外。

二、學習觀

　　就學習觀來看，教師領導強調教師要與同儕及家長建立密切合作關係，所以學習觀是著重學習社群及組織學習而不是個人學習，彼此互為鷹架、互為貴人，這樣的學習型態更有利於教師專業成長，故教師領導的學習觀是基於社群學習及社會建構主義的學習觀點（Rogoff, 1990; Vygotsky, 1978），鼓勵教師們彼此討論交流與對話合作，而不是僅於個人式學習。

三、權力觀

　　就權力觀觀之，基本上權力包括法職權、強制權、獎賞權、專家權及參照權（French & Raven, 1959; Owens, 1995），顯然地，教師領導三層次的權力觀是基於專家權，教師透過其專業知識擴展其影響力，而非法職權，事實上多數教師沒有兼職行政並未擁有法職權，爰此，教師主要是以專家權為主來進行教師領導。

四、文化觀

　　就文化觀而言，文化的範圍很廣泛，有鉅觀的民族文化，也有微觀的組織文化，而教師領導三層次所觸及的文化觀是微觀的學校文化及教師文化。Cansoy 與 Parlar（2017）研究也發現學校文化會影響教師領導的表現。進而言之，文化主要包含價值信念及行為規範，而教師領導三層次的文化觀是強調學校成員要能展現尊重、合作、信任及分享等價值與行為的學校文化或教師文化，如此才有助於教師領導的深耕與蓬勃發展。

柒、教師領導三層次發展的省思

關於教師領導三層次未來的發展，本文從「教師領導第一層次是教師的根本」、「從第二層次及第三層次教師領導吸取養分及專業成長」、「教師領導三層次是動態、流動的關係」、「教師可透過網路科技發揮第三層次教師領導」、「教師領導利他又利己」等提出省思。

一、教師領導第一層次是教師的根本

教師領導三層次期望教師將其能力及影響力極大化，並可使教師有更大的自我實現，惟值得提醒的是教師領導第一層次是教師的職責本分所在，不可因進行第二層次或第三層次教師領導而忽略了第一層次教師領導，也就是說不宜本末倒置，畢竟教師應該先「把書教好」、「把班帶好」，然後再盡心盡力幫助同仁、服務社會。

二、從第二層次及第三層次教師領導吸取養分及專業成長

雖然如前述教師不宜將教師領導三層次本末倒置，但我們也要提醒教師的是一直固守於第一層次教師領導，未走到第二層次或第三層次教師領導，並不是好的選擇。因為教師來到第二層次教師領導，同儕可以彼此對話分享，吸收更多的能量及養分，可有效促進教師專業能力，而能提升其教室內的教學及班級經營效能。倘若教師領導僅停留於班級內，不與其他同仁互動分享及連結，有可能會使自己更加萎縮或未能與時俱進。

三、教師領導三層次是動態、流動的關係

在某些情況下部分教師是有機會進行第三層次教師領導的，但當任務完成後會再回歸第一層次教師領導或第二層次教師領導，可見教

師領導三層次是動態、流動的關係。Cherkowski 與 Schnellert（2017）研究結果也發現教師領導具有流動與湧現（fluid and emergent）的本質。再者，教師若選擇兼任行政工作，成為學校行政主管或擔任校長，則亦是實踐第二層次或第三層次教師領導之路徑（蔡進雄，2016a），且直接擴大服務對象的範圍。

四、教師可透過網路科技發揮第三層次教師領導

以人數比例來看，所有教師應該都是第一層次教師領導者，因為教學及班級經營是身為教師的本分及職責所在，而國內在教師專業學習社群的倡導下，多數教師樂於與同儕分享教學經驗與一起合作設計課程，故愈來愈多的中小學教師已經是屬於第二層次教師領導者。此外，除了少數教師擔任輔導團團員有跨校服務的機會，眾多教師因授課時數較多，故第三層次教師領導的人數較少，惟網路科技的發達，使得教師運用此一媒介進行跨校影響也愈普遍，是以第三層次的教師領導是可以被期待的。

五、教師領導利他又利己

教師角色在社會脈絡中具多維影像（郭丁熒，2004），教師角色與任務的界定是不斷鼓勵要擴大教師影響力，惟教師恰如其分的角色任務是什麼，值得探討。而個別教師自身處於教師領導三層次的哪一層次，在於教師的自我期許，然我們期待教師在做好第一層次的教師領導後，至少要能夠走到第二層次，實踐第二層次的教師領導，展現更多角色外的學校組織公民行為，藉此可發揮更大的教育生命力（蔡進雄，2016a）。而我們也可以說教師領導是利他又自利的，協助同儕專業發展是利他，從協助同儕中又從與同儕互動裡學習成長，這又是利己，是以教師領導是既利他又利己的珍貴領導行為，值得倡導與鼓勵。

捌、結語：教師豐沛的生命力

　　教師是學校發展及教育改革的關鍵性人物，教師領導更是當前教師培育、學校改革及專業成長的顯學（Cooper, Stanulis, Brondyk, Hamilton, Macaluso, & Meier, 2016; Huang, 2016; Katzenmeyer & Moller, 2001; Little, 2003; Miles, 2016; Newton, Jacobsen, & Ahn, 2017; Scales & Rogers, 2017; Wenner & Campbell, 2017）。而國內教師領導的發展與演變，從早期第一波的教室內教師領導，到第二波的教室外教師領導，以至於到了可預見之第三波學校外教師領導[1]，其精神在於強調教師影響力的極大化，展現教師的無限力量，唯有由下而上之教師力量的展現，教育場域的活力與生命力才會源源不斷地湧現。教師領導三層次可說是一種教師領導的典範轉移，突破原有教師領導的框架，使教師領導有了更大的想像空間。

　　行文至此，筆者從幾個 W 來歸納匯總教師領導三層次的理念：首先，什麼是教師領導三層次（what）？扼要說來，所謂教師領導三層次是教師對學生、教師、家長、學校、跨校及社會的優質影響力發展，此定義將原由第一層次及第二層次教師領導更進一步延伸到學校外的第三層次教師領導。其次，是為什麼要推動教師領導三層次（why）？其緣由在於可讓教師影響極大化且展現能動性，並協助教師自我實現、創造價值。第三，是如何推動教師領導三層次（how）？這與教師對自我的期許及制度環境有密切相關，如果教師對自我期許是想要有更大的服務貢獻範疇，則教師會從教室內擴展至教室外及學校外儘量發揮其優質專業影響力，此外制度環境亦應鼓勵教師發揮多元影響。總結說來，期望教師領導三層次理論與架構的提

---

[1] 感謝臺北市立大學教育學院丁一顧院長提供第一波、第二波、第三波教師領導的用詞。

出能引發下一波教師領導的探究與發展，並爲教師領導注入新的概念及新的視角，展現教師豐沛的生命力量，以促進學生學習、學校發展和教育進步。

參考文獻

中文文獻

丁一顧、張德銳（2010）。臺北市教學導師教師領導與專業學習社群關係之研究。**教育行政與評鑑，10**，55-84。

方美金（2011）。**新北市國民小學教師領導之研究**（未出版之碩士論文）。國立臺北教育大學，臺北市。

王年愷譯（2014）。TOO BIG TO KNOW：**網路思想先驅溫柏格重新定義知識的意義與力量**。David Weinberger 原著。臺北市：貓頭鷹。

王淑麗、莊念青、丁一顧（2016）。臺北市教學輔導教師之教師領導發展歷程之研究。**教育研究與發展期刊，12**(1)，39-70。

吳百祿（2009）。教師領導：理念、實施、與啟示。**國民教育研究學報，23**，53-80。

吳百祿（2010）。中小學教師領導者之理念及其對我國學校教育的啟示。**教育政策論壇，13**(2)，129-158。

吳筱玫（2003）。**網路傳播概論**。臺北市：智勝。

李弘善譯（2013）。**未來教育：2030 年教師備忘錄**。Barnett Berry & the TeacherSolutions 2030 Team 原著。臺北市：遠流。

李俊湖（2007）。教師領導。載於周淑卿、陳麗華主編，**教育改革的挑戰與省思**（頁 159-176）。高雄市：麗文。

周佩儀（2006）。H. A. Giroux：宏揚希望政治的批判後現代教育學者。載於姜添輝等著，**教育社會學：人物與思想**（頁 449-470）。臺北市：高等教育。

周桂田（2014）。**風險社會典範轉移：打造爲公民負責的治理模式**。臺北市：遠流。

周桂田、張淳美（2006）。「風險社會」的再思考──以布迪厄思維爲進路。

政治與社會哲學評論，**17**，127-215

林思伶、蔡進雄（2005）。論凝聚教師學習社群的有效途徑。**教育研究月刊，132**，99-109。

徐超聖、梁雲霞（2011）。教師領導的理論分析與省思。**中等教育，62**(2)，20-35。

張世璿、丁一顧（2016）。國民小學教師領導核心能力指標建構之研究。**新竹教育大學教育學報，33**(1)，1-38。

張民杰（2010）臺北市教學輔導教師方案的功能——代理教師觀點。**新竹市教育大學教育學報，27**(1)，33-60。

張德銳（2010）。喚醒沉睡的巨人——論教師領導在我國中小學的發展。**臺北市立教育大學學報，41**(2)，81-110。

張德銳、王淑珍（2000）。教師專業學習社群在教學輔導教師制度中的發展與實踐。**臺北市立教育大學學報，41**(1)，61-90。

張德銳、張素偵（2012）。臺北市中小學校長轉型領導、教師領導與教學效能之研究。**市北教育學刊，41**，59-97。

張慶勳（2015）。以校長領導轉化為教師領導的思維與策略。**教育研究月刊，256**，12-24。

莊勝利（2005）。我國中小學校領導的新思維——教師領導。**學校行政雙月刊，40**，17-29。

連倖誼、張雅筑（2017）。教師專業學習社群信念與教學效能之研究。**師資培育與教師專業發展期刊，10**(1)，75-104。

郭丁熒（2004）。**教師圖像：教師社會學研究**。高雄市：復文。

郭騰展（2007）。**臺北縣國民小學教師領導與學校文化關係之研究**（未出版之碩士論文）。輔仁大學，新北市。

陳木金（1997）。**國民小學教師領導技巧、班級經營策略與教學效能關係之研究**（未出版之博士論文）。國立政治大學，臺北市。

陳玉桂（2006）。學校革新中不可忽略的面向：談教師領導。**學校行政雙月刊，45**，26-46。

陳佩英（2008）。教師領導之興起與發展。**教育研究月刊，171**，41-57。

陳蕙芬（2014）。從教育預見未來。**新聞學研究，119**，211-218。

劉乙儀、張瑞村（2014）。臺灣幼兒園教師領導之困境與展望。**學校行政雙月刊，92**，144-162。

蔡進雄（1995）。有效的班級經營：談教師領導、班級氣氛與學生學業成就。**教育資料文摘，214，**147-159。

蔡進雄（2004）。論教師領導的趨勢與發展。**教育資料與研究，59，**92-98。

蔡進雄（2005）。中小學教師領導理論之探討。**教育研究月刊，139，**92-101。

蔡進雄（2007）。國民中學教師教學領導之建構與發展 —— 以學習領域召集人為例。**學校行政雙月刊，52，**20-43。

蔡進雄（2009）。學校經營的新典範：論教師學習社群的建立與發展。**教育研究月刊，188，**48-59。

蔡進雄（2010a）。論分散式領導在學校領導的實踐與省思。**教育研究月刊，202，**64-76。

蔡進雄（2010b）。論學校轉型為專業學習社群的校長領導作為。**教育研究月刊，194，**44-53。

蔡進雄（2011）。教師領導的理論、實踐與省思。**中等教育，62**(2)，8-19。

蔡進雄（2015a）。新世紀的教師領導：專訪前教育部國民及學前教育署署長吳清山。**教育研究月刊，256，**5-11。

蔡進雄（2015b）。看見教師的正向力量：談教師專業學習社群的發展。載於林瑞昌、許德田、劉耿銘主編，**新北市三級教師專業學習社群 103 學年度成果專刊**（頁 3-7）。新北市：新北市政府教育局。

蔡進雄（2016a）。教師領導三層次探析。**臺灣教育評論月刊，5**(10)，74-76。

蔡進雄（2016b）。論學校微領導時代的來臨。**臺灣教育評論月刊，5**(6)，146-149。

蔡進雄（2017）。**教育領導新論：教育現場的微領導時代。**臺北市：翰蘆。

蔡進雄、李森永（2016）。單一專家決策的風險與挑戰：論風險社會下的教育政策制定特色。**教師專業研究期刊，12，**107-121。

鍾昀珊、戰寶華（2015）。屏東縣偏遠地區國小教師專業學習社群、組織承諾與教學效能之研究。**師資培育與教師專業發展期刊，8**(2)，69-98。

羅天一、盧希鵬（2010）。創業家與非創業家在創業認知之差異。**永續發展與管理策略期刊，2**(1)，1-10。

羅嘉慧（2010）。**桃園縣國民小學組織信任影響教師領導之研究**（未出版之碩士論文）。輔仁大學，新北市。

英文文獻

Barth, R. S. (2001). *Learning by heart*. San Francisco, CA: Jossey-Bass.

Beck, U. (1992). *Risk society: Towards a new modernity*. (Trans. by Mark Ritter). London: Sage.

Berry, B. (2015). Teacherpreneurs: Cultivating and scaling up a bold brand of teacher leadership. *New Educator, 11*(2), 146-160.

Blasé, J., & Blasé, J. (2004). *Handbook of instructional leadership* (2nd ed.). Thousand Oaks, CA: Corwin.

Cansoy, R., & Parlar, H. (2017). Examining the relationship between school culture and teacher leadership. *International Online Journal of Educational Sciences, 9*(2), 310-322.

Cherkowski, S., & Schnellert, L. (2017). Exploring teacher leadership in a rural, secondary school: Reciprocal learning teams as a catalyst for emergent leadership. *International Journal of Teacher Leadership, 8*(1), 6-25.

Cooper, K. S., Stanulis, R. N., Brondyk, S. K., Hamilton, E. R., Macaluso, M., & Meier, J. A. (2016). The teacher leadership process: Attempting change within embedded systems. *Journal of Educational Change, 17*(1), 85-113.

Derrington, M. L., & Angelle, P. S. (2013). Teacher leadership and collective efficacy: Connections and links. *International Journal of Teacher Leadership, 4*(1), 1-13.

Dimmock, C. (2003). Leadership in learning-centred schools: Cultural context, functions and qualities. In M. Brundrett, N. Burton, & R. Smith (eds.), *Leadership in education* (pp.13-22). Thousand Oaks, CA: SAGE.

Donaldson, G. A. (2001). *Cultivating leadership in schools: Connecting people, purpose, and practice*. New York: Teachers College Press.

Giroux, H. A. (1988). *Teachers as intellectuals: Toward a critical pedagogy of learning*. Granby, MA: Bergin & Garvey.

Gronn, P. (2008). The future of distributed leadership. *Journal of Educational Administration, 46*(2), 141-158.

French, J. R., & Raven, B. (1959). The bases of social power. In D. Cartwright (Ed.), *Studies in social power* (pp.150-167). Ann Arbor, MI: University of Michigan, Research Center for Group Dynamics, Institute for Social Research.

Hargreaves, D. H. (1994). The new professionalism: The synthesis of professional and institutional development. *Teaching & Teacher Education, 10*(4), 423-438,

Hargreaves, A. (2000). Four ages of professionalism and professional learning. *Teachers and Teaching: History and Practice, 6*(2), 1-14.

Hargreaves, A., & Fink, D. (2008). Distributed leadership: Democracy or delivery? *Journal of Educational Administration, 46*(2), 229-240.

Harris, A. (2003). The changing context of leadership: Research, theory and practice. In A. Harris et al. (2003), *Effective leadership for school improvement* (pp.9-25). London: Routledge Falmer.

Heck, R. H., & Hallinger, P. (2009). Assessing the contribution of distributed leadership to school improvement and growth in math achievement. *American Educational Research Journal, 46*(3), 659-689.

Huang, T. (2016). Linking the private and public: Teacher leadership and teacher education in the reflexive modernity. *European Journal of Teacher Education, 39*(2), 222-237.

Katzenmeyer, M., & Moller, G. (2001). *Awakening the sleeping giant: Helping teachers develop as leaders* (2nd ed.). Thousand Oaks, CA: Corwin Press.

Little, J. W. (2003). Constructions of teacher leadership in three periods of policy and reform activism. *School Leadership & Management, 23*(4), 401-419.

Lowery-Moore, H., Latimer, R. M., & Willate, V. M. (2016). The essence of teacher leadership: A phenomenological inquiry of professional growth. *International Journal of Teacher Leadership, 7*(1), 1-16.

Mascall, B., Leithwood, K., Straus, T., & Sacks, R. (2008). The relationship between distributed leadership and teachers' academic optimism. *Journal of Educational Administration, 46*(2), 214-228.

Miles, K. H. (2016). Effectively integrating teacher leadership into the system. *Education Digest, 81*(9), 17-22.

Newton, P., Jacobsen, D. R., & Ahn, R. (2017). Teacher leadership: Canadian and American perspectives. *International Journal of Teacher Leadership, 8*(1), 1-5.

Owens, R. G. (1995). *Organizational behavior in education* (5th ed.). Boston: Allyn and Bacon.

Rogoff, B. (1990). *Apprenticeship in thimking: Cognitive development in social context*. New York: Oxford University Press.

Scales, R. Q., & Rogers, C. (2017). Novice teacher leadership: Determining the impact of a leadership licensure requirement after one year of teaching. *The Professional Educator, 41*(1), 18-33.

Spillane, J. P. (2006). *Distributed leadership*. San Francisco: Jossey-Bass.

Spillane, J. P., & Diamond, J. B. (Eds.) (2007). *Distributed leadership in practice*. New York: Teachers College, Columbia University.

Vygotsky, L. S. (1978). *Mind in society: The development of higher psychological processes*. Translated by Knox and Carol. Cambridge, MA: Harvard University Press.

Wenner, J., & Campbell, T. (2017). The theoretical and emperirical basis of teacher leadership: A review of the literature. *Review of Educational Literature, 87*(1), 134-171.

Yemini, M., Addi-Raccah, A., & Katarivas, K. (2015). I have a dream: School principals as entrepreneurs. *Educational Management Administration & Leadership, 43*(4), 526-540.

York-Barr, J., & Duke, K. (2004). What do we know about teacher leadership? Finding from two decades of scholarship. *Review of Educational Research, 74*(3), 255-316.

（本文 2017 年曾發表於《教師專業研究期刊》，第 14 期，頁 59-82。）

第三篇

鉅觀篇

——外部層次

第八章
學校治理的應用與評析

壹、前言

　　隨著時代潮流及社會環境變遷，學校經營模式宜有所調整及轉移，網絡治理（network governance）的概念正可以提供學校經營之新思維及新典範。網絡典範（network paradigm）是政府治理理論的重要議題（Hatcher, 2012），從公共政策的角度來看，行政官僚、市場、社區公民團體等皆是治理的一環，沒有一種制度機制可以完全適用公共治理的領域，官僚失靈與市場失靈凸顯出網絡平等、協商信任及自我管理的特質，也象徵著政府與公民社會組織的分權與協同治理（蔡允棟，2006）。基本上，學校經營亦兼具科層、市場及網絡之特徵，而其中網絡治理及治理是教育行政及學校經營過去較少被論述的議題，但卻是二十一世紀學校經營的新典範，故值得深入分析及探究。

　　治理相關理論自 1980 年代末期自英國與歐盟興起成為當代公共行政的新顯學典範後，學術界探討治理著作有如汗牛充棟（陳婺郁，2012）。再者，新世紀的政府部門面臨科技創新、自由化經濟及公民意識高漲等外在環境的挑戰，傳統的政府管理方式已不足以解決日益複雜的行政問題，治理的概念因而廣被重視（宋餘俠、黃子華，2009），亦即傳統行政理論對於外部環境之視野較為缺乏，同時又

想超越新公共管理對師法企業的偏執而忽略行政的政治本質，公共治理便應運而生（許立一，2008）。具體來說，相較於傳統的公共行政，現今的公共行政之轉變趨勢為從科層轉變為網絡、自由市場模式轉變為社群模式、重視公私協力夥伴關係、以領控和協調作為治理分析過程（林水吉，2009）。許立一（2008）也指出公共治理可以說是一種整合性架構，它涵納傳統行政理論、新公共管理，但同時又不忘行政的政治系絡及觀察政策應有的宏觀視野，所以用「治理」取代「行政」或「管理」。質言之，隨著治理的興起，已從政府獨自承擔統治功能，轉向運用市場邏輯的公共管理，再轉至政府與社會之共同治理型態（曾煥鵬、林志成，2011）。Vigoda（2002）亦認為回應性是被動、單向地回應民眾需求，但新世代的公共行政則是強調民眾與政府的真實合作夥伴關係。而網絡治理正意味著政府機關如何與民間部門、社區組織及非營利組織等多元政策社群共同進行有關事務的決定與執行管理（廖俊松、曾憲華、李文興，2005）。由於眾多公立學校亦是屬於政府公部門的一環，校務經營發展過程如何與校內外不同團體組織及利害關係人，建立合作網絡以治理學校是教育領導人必須重視的課題。職此之故，網絡治理或治理的概念不僅是當前公共政策的顯學，亦是教育行政與學校經營的關鍵議題。

綜言之，網絡治理一詞被應用於不同學術領域，在社會學領域探討的是人際網絡，公共政策領域則是探究政策網絡與政策制定的關係。網絡治理及治理的概念不僅應用於社會學及公共政策，也相當適用於學校經營。此外，本文將網絡治理與治理視為同義詞，因治理已隱含網絡之概念，且本文聚焦探究治理在學校經營的應用及評析其發展趨勢與侷限，以供學校領導與管理之參考。

貳、網絡、治理與學校治理的意涵

一、網絡的意涵

網絡（network）一詞最早出現於 1940、1950 年代的社會學，當時主要是希望透過網絡技術描繪出人際關係的互動與互賴狀況，後來被運用到組織間的網絡關係（丘昌泰，2010），是故網絡最簡單的定義，可以解釋為連結一組人、物或事件的特殊關係（引自魯俊孟，2013）。網絡一詞也經常被用來分析政府機關與利益團體間複雜糾葛之利害關係（廖俊松，2007），而政策網絡是指政府機關與各種不同的政策社群對於某特定政策議題，所形成的不同政策領域間之互動關係（吳定，2012），故政策網絡可視為政策參與者（以利益團體、國家機關各部門為主）間所建立的持續互動關係模式（林斌，2006）。政策網絡之主要特性為：(1) 網絡的存在是因為行動者間的互賴（interdependence）；(2) 網絡包含多元的行動者並各有其目標；(3) 網絡包含或多或少的行動者間之持久關係型態（Klijn, 1997）。

二、治理的意涵

基本上，治理一詞有廣義及狹義的定義範圍，就廣義而言，治理與管理、行政、經營等詞類似，故有些學者對於治理、管理、行政等名詞並沒有進行嚴謹的區分（許道然等譯，2000；湯堯、成群豪與楊明宗，2006；黃政傑，2008）。但就狹義而言，治理隱含「網絡」的性質，意指政府與公民社會能夠結合成一具管理功能的網絡關係（蔡允棟，2006）。陳敦源（2009）也認為治理年代意涵著多元開放的國家與社會關係，以治理代替行政的概念應用，可以引入更多的議題擴大討論範圍並使行政者更具環境適應能力。此外，治理取代管理可凸顯表達多元的行動者共同協力治理的概念（李宗勳，2008）。是故，

本文是採取比較嚴謹及狹義的觀點來分析探討治理。以下進一步闡明治理與統治的差異，以及各家對治理的看法。

治理與統治（government）有所差異，統治的權威來源是政府所賦予的權力，權力運作模式是由上而下，而治理的權威來源是機構內所有參與者所共同賦予，權力運作模式係上下互動（李志宏，2006）。Peters 與 Pierre（1998）也表示治理強調網絡的重要性、從控制到影響力、結合公私部門資源及多元工具的使用。Neo 與 Geraldine 指出治理是政府與公民之間，讓公共政策得以進行規劃、執行及評估的一種關係（宋餘俠、黃子華，2009）。Kettle（2002）指出治理是描述政府與其廣闊環境間的連結（links）。呂育誠（2007）將治理定義為係政府為解決社會問題，或是為求國家未來長遠發展的需求，基於權責相稱原則來整合各公私部門行動，以達成共同目標的運作模式。宋餘俠與黃子華（2009）經文獻整理後指出從公共治理的內涵觀之，當代治理除了政府領控外，更需要公共參與，乃至於與非政府部門（包括企業、第三部門等）的協調及協商，以建立夥伴關係。林水吉（2009）表示政府基於所擁有的政策制定及公共事務的處理權限，經由制度的設定及政策的發動，影響民間社會資源的配置以及可能的行動範圍，這種治理型態稱為公共治理。劉奕宏（2015）陳述治理的意涵描繪了政府與社會行動者複雜的互動過程，且強調用網絡的方式連結多元利害關係人。質言之，經由治理與統治的比較分析，以及各學者專家的觀點，我們可知統治是一種由上而下的權力運作模式，而治理強調多元參與及公私部門的協作關係。

三、學校治理的定義

綜觀前述，以學校組織的觀點來看，茲因本文是以較為嚴謹的角度來看待治理一詞，故將治理定義為係指學校與校內外各組織或個人的互動關係。依此定義，治理已隱含著網絡的概念，故網絡治理或治

理可界定為組織為解決問題及達成組織目標的內外部多元連結及協同合作歷程，而循此脈絡，學校治理可定義為學校為解決教育問題或為促進學校教育目標達成，連結整合公私部門及利害關係人之意見或資源，並建立互動合作夥伴關係之運作過程。

參、學校經營的科層觀、市場觀與網絡觀

從組織與管理的角度觀之，我們可以從科層觀、市場觀及網絡觀等三方面來闡述在學校經營的應用（蔡進雄，2009）。首先是科層體制，任何組織多少都具有科層色彩，科層體制重視的是依法行政、層級節制及專業分工，科層體制的優點是穩定但卻失去創新且易形成成員疏離感，這些現象對於學校之教學核心任務並無太大的促進效益。

市場觀則強調自由競爭，特別是少子女化的情況下，各校為了爭取更多學生入學，透過各種經營特色主動出擊吸引學生入學。市場觀應用於學校經營受批評之處在於市場邏輯是商業取向，而商業與教育是有相當大的差異，前者是營利組織，而後者是非營利並以學生利益為最大考量。近年來，師資培育、廣設高中及大學是採市場觀的教育政策加以執行，在未有效提升教育品質的情況下卻可能衍生更多的問題，例如學校退場、師資供需失調等。

網絡一詞則經常被用來指稱不同組織間的資源倚賴及互惠關係（廖俊松、曾憲華、李文興，2005），以公共政策來看，政府若能結合民間社會豐沛的力量，將可有效處理治理危機的問題，亦即在公私部門之間建立網絡關係的觀點日漸被接受，已成為一種新的治理方式（陳恆鈞，2012）。職此之故，學校經營亦宜整合行政、教師及家長等力量，而整合靠的是不斷溝通及協調，以尋求更大的共識。換言之，不論是內部教與學，或是學校經營特色及發展方向，學校都可

將利害關係人納入共同溝通討論對話的對象並加以整合，值得提醒的
是，有效溝通對話需要以信任爲基礎，此乃沒有信任就沒有真誠溝通
及分享，沒有溝通及分享將有礙於夥伴關係的建立。申言之，在網絡
典範下之學校經營是與學校利害關係人建立一種夥伴關係而不是支配
關係，在夥伴關係下共同爲學生成長及校務發展而努力。強調夥伴關
係的網絡典範之學校經營下，學校行政領導者不再是權力的控制者而
是學校網絡成員間的協調者及引導者，並促使夥伴們的不斷持續互
動，是故學校應經常設計安排家長與學校教師的多元互動機會，並多
建立行政與教師間的對話互動平臺，使行政、教師及家長成爲一個合
作網絡。質言之，學校經營之網絡治理取向是主張學校不應該是封閉
的系統而是開放系統，且進一步要統整各方資源及力量並創造更多附
加價值，以及強調合作與互助。至於網絡治理典範在學校經營應用的
侷限將於本文另有討論。

　　綜觀上述，學校經營之科層觀、市場觀及網絡觀，可歸納整理如
表 8-1 所示，三種經營模式取向各有其不同取向。

表 8-1
科層觀、市場觀與網絡觀的比較

	科層觀	市場觀	網絡觀
互動	強制	回應	夥伴
領導	權威式領導	調適式領導	分散式領導
權力	集權	彈性	分權
行政角色	主導	配合需求	引導
氣氛	正式	精準或懷疑	開放
研究議題	專業分工 法規訂定	教育行銷 學校品牌	社會資本 組織信任

　　再次從互動、領導、權力等闡述如下：就與成員互動來看，科層
觀之成員互動觀是一種強制的關係，由學校領導者下命令，而成員是
順從命令；市場觀是回應的關係，學校與成員的關係端視市場的變
化，例如學校可能因為家長的需求而調整教師的配置；網絡觀是夥伴
關係及重視溝通協調，亦即學校與成員是經常溝通互動對話及努力建
立一種夥伴合作的關係。就領導來看，科層觀的學校領導是權威式的
領導，強調由上而下之金字塔型領導；市場觀是偏向調適式領導，此
處所謂調適式領導是因應環境變化而調整領導方式；網絡觀則是傾向
分散式領導，主張人人都可能是領導者，均可散發優質的影響力。

　　以權力運作來看，科層觀的學校權力是集權式的，決定權通常只
集中於校長或少數擁有行政權者；市場觀的權力是較為彈性的，為了
學校轉型可能是集權，但平時可能是分權的；網絡觀的權力運作是分
權的，亦即權力不是集中於領導者一人而是分享權力的，並強調民主
參與及聆聽不同意見。就學校行政角色觀之，科層觀的學校行政角色
是主導的角色；市場觀的學校行政角色是配合回應環境需求的角色；
網絡觀的學校行政角色則是引導的角色。就氣氛而言，科層觀的氣
氛是正式化的；市場觀是精準或懷疑的；網絡觀則是開放的（Scott,
1998）。以研究議題而論，科層觀的相關研究議題為探討專業分工
及法規訂定等；市場觀的教育研究議題為教育行銷及學校品牌建立
等；網絡觀的相關研究議題則是探究社會資本及組織信任等。

　　值得一提的是，治理的未來趨勢是強調後設治理（meta-
governance），所謂後設治理是強調整合科層、網絡及市場三種不同風
格之途徑（劉奕宏，2015），科層與權威不能也不會被取代，而是必
須與治理融合（Kettle, 2002），是故科層、市場與網絡是應該加以妥
善整合的。因此學校經營除了以網絡治理典範為重點外，宜視情況顧
及科層觀及市場觀，畢竟學校經營仍不能完全排除科層觀及市場觀。

肆、社會資本與網絡治理的關係

　　社會資本是網絡探討中不可或缺的研究議題，所謂社會資本是個人或組織所擁有的社會關係（蔡進雄，2004），至於社會資本的組成內涵，大多數形式（如親屬關係、工作關係）的社會資本都具有三種基本元素，分別是網絡、由群體內成員所共享的規範、價值觀及期待，以及有助於維持規範及網絡運行的約束力量，如懲罰或獎勵（黃克先、黃惠茹譯，2008）。此外，劉宏鈺與吳明儒（2014）經歸納整理指出儘管各學者專家對社會資本理論的內涵觀點有所不同，但基本上仍有幾項的共通性：(1) 社會資本是一種鑲嵌在社會關係內的資源；(2) 社會資本具有協助網絡內成員完成某些行動之功能；(3) 社會資本的概念不僅適用於社會或群體中個人的觀察，也能應用於社會或國家總體現象的解釋。

　　累積社會資本有助於人際互動及促進學校網絡治理之目標達成，然社會資本應用於學校經營也會有負面效果，參酌相關文獻（陳恆鈞，2012；蔡進雄，2004），提出社會資本在學校組織應用的幾項侷限：(1) 維護和建立關係需要付出時間，例如校長必須花更多時間與家長代表互動，才易建立社會關係，但可能會忽略內部的管理；(2) 過分強調學校內部團結，因而限制成員個人自由，此乃社會資本強調人際間的連結，而連結的同時也限制個人自由；(3) 過多的行為規範導致創新能力降低，由於社會資本強調要有共同遵守的規範，然有了框架規範，學校組織或個人創新能力相對也會受影響；(4) 強調互動連結的團體形成後會衍生排他或團體迷思之負面效果，有損學校組織目標的達成；(5) 學校建立社會網絡及累積社會資本，可引入資源，但同時學校也應多提供社區服務並避免外力不當干擾校務之負面情形。

　　總而言之，社會資本與治理兩者息息相關，沒有社會資本的學校治理是空的，而沒有建立具連結的網絡治理亦將無法有效累積學校社會資本。此外，社會資本的負面效果，如限制個人自由、影響創新及團體負面效應等均值得學校網絡治理過程加以留心注意，所謂「役」社會資本而「不役於」社會資本，以避免因學校治理而影響學校效能之達成。

伍、學校治理的應用

　　從科層觀到市場觀，再由市場觀轉移到網絡治理觀或治理觀，此一發展脈絡是教育政策與行政的演化情形。而學校治理的應用則可以從「重視人員參與，多元對話整合各方意見及資源」、「建立社群夥伴關係，經營教育行政及學校網絡」、「教育行政從集權到權力分享」等三方面加以闡述。

一、重視人員參與，多元對話整合各方意見及資源

　　一個具有治理能力的政府，除了必須掌握本身內部情況外，尚須有能力有效整合治理網絡中所有的力量（汪正洋，2010）。網絡社會中的領導者應了解環境裡不同利害關係團體間的互動影響關係，並學習分析與管理不同利害關係人間的衝突互補或合作本質，才能掌握網絡權力並強化治理能力（蕭宏金，2010）。故一個具有治理能力的教育政策領導者或校長，也需要掌握教育或學校內外部情況並有效對話整合教育網絡中的各種力量，以促進教育目標的達成，例如對於弱勢學生的照顧可以整合鄰近大學、社區及志工組織之資源，以發揮更大的效益。也就是說，在學校網絡治理（即學校治理）過程中校長必須重視統整校內外部人力、物力、經費等相關資源及建構網絡關係，並

創造更大的附加價值。此外，爲了統整結合各方力量，學校領導與教育行政過程必須比過去更強調溝通協調以形成共同行動。

二、建立社群夥伴關係，經營教育行政及學校網絡

除了重視人員參與並多元對話整合各方意見及資源外，還需要更進一步與各利害關係人建立社群關係並成爲合作夥伴，而不是高高在上的行政領導者。誠如陳東升（2012）所言，由下往上及以公民爲主體的社群治理模式是層級指揮命令模式和市場自利競爭模式的可能替代選項，或是彌補這兩種治理模式之不足的方案。Vigoda（2002）亦強調回應性只是單向滿足民眾需求，而公共行政的精神應是從「他們」到「我們」，朝合作及夥伴關係之方向發展。

複雜網絡必須置於科層組織之上，且要採用不同的管理方式（Kettle, 2002），是故學校經營除了依法行政之科層管理及強調行銷品牌之市場邏輯外，更應該整合教育網絡之資源及力量，由單向回應學校利害關係人的需求，進一步吸納形成雙向的合作夥伴互助關係，以促進學校教育之發展。此外，Hatcher（2012）也認爲網絡的概念是主張學校創新的希望是由下而上來自教師間平行合作關係所衍生的。

綜言之，治理途徑不是以政府爲中心的途徑，而是以社會中多元行動者所構成的網絡爲統治方式（李允傑、丘昌泰，2009）。Kooiman 亦認爲在政策執行過程中，沒有一個行動者能夠擁有足夠知識處理日益複雜的問題，是故新治理需要公私部門合作，組成不同網絡，共同分擔責任且相互授予權力及能力，如此方能達到政策的最佳結果（引自陳恆鈞，2012）。因此，學校經營過程應與網絡成員不斷溝通、互助合作並建立協調機制，例如學校行政人員在制定學校教育相關決定時，可視問題性質多與教師、家長互動形成夥伴關係，特別是彼此的信任關係更是互動過程所必須關注的。

三、教育行政從集權到權力分享

　　傳統的教育行政及領導是偏向集權方式，但在治理的觀念下，教育行政是偏向權力分享，而不是由單獨一人決定所有教育政策及行政。以教育政策而言，在教育政策規劃過程宜多邀請利害關係人參與決定；就學校經營而言，學校校長在校務發展上亦必須與教師分享決定權，特別是在教學專業上更需要尊重教師的決定，而邀請家長參與校務也是學校經營的重要面向。綜言之，在治理或網絡治理概念下教育領導及行政是朝權力分享的趨勢發展，而往權力分享的方向發展，教育行政及學校經營才易展現多元創新的新氣象。

陸、學校治理的評析

　　網絡典範或治理典範對於學校經營與領導深具啟示，例如強調夥伴關係及關注信任互動，但仍有其侷限而並非是萬靈丹。除了前述所提到社會資本的負面效果外，筆者再次融合學校組織情境，評析網絡治理典範在學校經營應用的幾項侷限與問題，闡明如下。

一、權責、不當介入及資源爭取問題

　　校長在學校治理過程中是引導者、協調者、連結者及整合者，而最後仍然要負成敗之責，在此情境下易形成有責無權之情形，也就是說學校相關成員共同決定而最後是校長要負成敗責任，亦即網絡典範下易有權責不符之現象。因此，有些學者也指出治理是個誘惑的概念，過度強調權力分散或分享，造就一個無須受權力結構的限制，在大多數政治學領域似乎尚未被完全接受（陳婓郁，2012；Walters, 2004）。

再者，學校與利害關係人進行互動及建立聯繫，可能會面臨校外相關人士不當介入校務的情形，例如民意代表的不當關說，故學校網絡治理過程中，當資源引入的同時宜避免各類組織或校外各利害關係人之不當介入或干擾校務發展。此外，在相關法令上亦宜明確規範哪些資源是學校可以爭取，以免違反法規或法律，且在爭取開發外界民間企業或公益基金會等資源時，同時也可提供學校資源給對方，彼此共享人力及教育資源。質言之，爭取豐富的資源並妥善運用可以活化學校發展，亦能展現學校網絡治理的精神，惟在爭取資源的同時應避免違反法令及道德規範。

二、對話及溝通協調的問題

行政統治權力持續分化，搭建協調機制成為行政改革的重點（陳敦源，2009；Kettle, 2002），惟溝通協調並不一定都是成功的，而且溝通協調需要花更多的時間，並不符合效率原則。此外，成功的溝通協調須摒棄本位主義並以專業對話為基礎，因此學校利害關係人須去除本位立場，且專業對話能力亦是學校利害關係人宜養成之能力，否則溝通協調不易有效進行。

另一個會產生對話及溝通協調問題的原因是屬於政府部門的學校須以法行政，而民間部門的理念是以效率為主，兩者難以協調（劉宜君，2010），例如民間組織補助學校經費常因相關規定而無法滿足贊助單位或組織的效率期待。綜合言之，網絡治理失靈可能原因之一是連結及溝通不良（劉宜君，2010），對此學校領導者必須加以克服及因應，以免因溝通協調問題阻礙學校治理與校務發展。

三、學校成員合作及互動的問題

網絡典範主張人際互動及合作的重要性，惟長期以來學校教師已習慣單打獨鬥的教學方式，孤立之教師文化亦存在於校園之中，故學

校成員的合作及互動仍有待加強。換言之，倘若學校成員的互動連結
能更為緊密，合作協助的元素能更為強化，則易落實學校網絡治理。
亦即透過成員之力量集結及動員，發揮 1 加 1 大於 2 的綜效效果，以
促進學校效能及達成教育目標。

四、建立網絡關係可能衍生的問題

　　治理或網絡治理強調關係的建立，惟華人之關係管理常衍生幾個
問題：其一是過分重視關係不重視原則，易形成小團體而製造各種紛
爭；其二是欠缺系統性思考，倘若形成小團體其成員互動愈頻繁，思
維也愈相近，結果可能會阻礙了系統性思考；其三是重短期關係忽略
長期關係的經營，短線關係大都是有特殊目的，較無助於長期信任
關係的建立（羅家德，2003）。此外，本文前面也提到社會資本有
其負面現象，如排他性或團體迷失，所以會形成所謂「邪惡的社會
資本」（"Wicked" social capital）（劉宏鈺、吳明儒，2014；Wong,
2012），而整體來看並不利於學校組織或國家社會之發展。

柒、結論

　　基於前揭對於學校網絡治理的應用論述及評析，本文最後從「治
理是學校經營發展的新思維」、「新世紀校長領導角色的轉移」及
「學校治理比傳統公共關係更強調夥伴關係」等三項提出本文的結
論，以供學校領導者之參考。

一、治理是學校經營發展的新思維

　　治理的概念是主張反對傳統形式的權威、單邊決策與執行的官僚
主義（宋餘俠、黃子華，2009），治理概念在某種程度也隱喻政府部

門無法獨自達成政策目標，需要民間部門行動者提供資源與參與（劉宜君，2010）。治理的特徵是：治理是一個過程、治理是基於協調而不是以支配爲原則、治理同時涉及公部門及私部門的行動者、治理是有賴於持續的互動（曾煥鵬、林志成，2011；Smouts, 1998）。因此，治理是學校經營發展的新思維，在治理觀念下之新世紀學校經營宜有所轉變。再者，由於民間組織參與公共事務的渴望日漸殷切，公共治理所強調夥伴治理的概念必將愈來愈受重視，因此政府的「統治」與「管理」職能將比以前弱化，政府須將公共事務的治理釋放出來並邀請民間組織共同合作（吳定，2003）。職此之故，教育政策規劃或學校行政領導亦宜邀集教師、家長、社區人士或學生等利害關係人共同參與政策規劃或學校發展，而不是僅採取由上而下的管理方式。也就是說，在教育政策規劃方面，於政策形成過程多邀集政策利害關係人溝通對話，從由上往下轉變爲上下互動；而在學校治理方面，校務發展應儘量多聆聽並統整各方意見及資源。此外，學校治理此一新名詞在教育行政理論及實務並未普遍使用，故未來教育及學校行政在引入網絡治理或治理的新思維後，吾人或可將學校治理或學校網絡治理一詞來取代學校管理，如此更能彰顯校務經營發展的新思維、新趨勢及新治理觀。

二、新世紀校長領導角色的轉移

二十一世紀的教育領導及學校行政系統並沒有弱化，而是角色的轉變，亦即從命令的角色轉移爲重視溝通協調及連結整合的角色，此爲治理概念對於教育行政及學校領導人的重要啟示。也就是說，在網絡典範下的領導不是由上而下且權力運作亦非集權，但這並不是意味著行政領導者或校長之角色弱化而是角色的調整及轉移，從命令者轉移爲協調者、引導者、連結者及整合者，而在此情況下校長更需要具專業論述能力、連結整合能力及行動力。

三、學校治理比傳統公共關係更強調夥伴關係

　　由於各項法規對於家長參與校務及教師專業自主等均有明文規定，大多數學校經營者也都會密切關注教師團體及家長團體的意見，甚至學生團體的聲音，本文從網絡的概念切入更顯現學校經營所要關注的重要課題。質言之，學校經營之新典範是網絡典範，在網絡典範下強調的是統整內外資源，包括人力資源、自然資源及經費等，以為學校發展及學生學習而努力，而非完全採取由上而下的強制作法，故學校領導者應該整合行政團體、教師團隊、家長團體、社區人士及校友等利害關係人的力量及相關資源，共同致力於校務發展。而最後值得一提的是，過去關於學校公共關係的探討已經相當豐富，而治理或網絡治理除了含有公共關係的精神內涵之外，更強調與內外部相關人員或組織建立更為緊密的互動合作夥伴關係。

參考文獻

中文文獻

丘昌泰（2010）。**公共政策**。臺北市：巨流。

江啟臣（2011）。**國際組織與全球治理概論**。臺北市：五南。

余致力（2002）。**民意與公共政策**。臺北市：五南。

吳定（2003）。**政策管理**。臺北市：聯經。

吳定編著（2012）。**公共政策辭典**。臺北市：五南。

呂育誠（2007）。今日地方政府採行治理的問題與展望。**研習論壇**，74，15-27。

宋餘俠、黃子華（2009）。優質公共治理與提升政府效能。**研考雙月刊**，33(5)，18-28。

李允傑、丘昌泰（2009）。**政策執行與評估**。臺北市：元照。

李志宏（2006）。從組織治理談非政府組織的責信度。**非政府組織學刊，創刊號**，103-126。

李宗勳（2008）。**網絡社會與安全治理**。臺北市：元照。

汪正洋（2010）。**圖解公共政策**。臺北市：書泉。

林水吉（2009）。**跨域治理──理論與個案研析**。臺北市：五南。

林斌（2006）。教師工會政策立法過程之分析──政策網絡與政策工具的觀點。載於黃乃熒主編，**教育政策科學與實務**（頁125-156）。臺北市：心理。

許立一（2008）。「公共治理」學習指引。**空大學訊，402**，141-143。

許道然等譯（2000）。**政府未來的治理模式**。B. G. Peters 原著。臺北市：智勝。

陳東升（2012）。社群治理與社會創新。**臺灣社會學刊，49**，1-40。

陳恆鈞編著（2012）。**治理互賴理論與實務**。臺北市：五南。

陳敦源（2009）。**民主治理：公共行政與民主政治的制度性調和**。臺北市：五南。

陳婓郁（2012）。治理理論與國家職能的辯證：英國觀點。**政治科學論叢，53**，1-52。

曾煥鵬、林志成（2011）。治理觀點對學校創新經營的啟示。**學校行政雙月刊，76**，147-166。

湯堯、成群豪與楊明宗（2006）。**大學治理：財務、研發、人事**。臺北市：心理。

黃克先、黃惠茹譯（2008）。**社會資本**。D. Halpern 原著。臺北市：巨流。

黃政傑（2008）。**大學治理：理念與實踐**。臺北縣：冠學。

廖俊松（2007）。從網絡治理觀點觀察重建區總體營造計畫之執行。**政策研究學報，7**，35-64。

廖俊松、曾憲華、李文興（2005）。強化基層警政網絡治理之初探。**中央警察大學警政論叢，5**，129-146。

劉宏鈺、吳明儒（2014）。從社會資本取向比較兩岸三地時間銀行之經驗。**臺灣社會福利學刊，11**(2)，1-45。

劉宜君（2010）。**網絡管理的理論與實務之研究**。臺北市：商鼎。

劉奕宏（2015）。治理、績效與組織創新。**公務人員雙月刊，218**，53-62。

蔡允棟（2006）。民主行政與網絡治理：「新治理」的理論探討及類型分析。**台灣政治學刊，10**(1)，163-209。

蔡進雄（2004）。學校競爭力的關鍵：論人力資本與社會資本的提升。**初等教育學刊，17**，105-122。

蔡進雄（2009）。**國民中小學校長領導之研究：專業、情緒與靈性的觀點**。臺北市：高等教育。

魯俊孟（2013）。政策網絡。載於許立一等合著，**當代治理新趨勢**（頁107-129）。新北市：空大。

蕭宏金（2010）。網絡社會的責任領導。**文官制度季刊**，**2**(2)，1-24。

羅家德（2003）。**企業關係管理**。臺北市：聯經。

英文文獻

Goldsmith, A. A. (2012). Is governance reform a catalyst for development? In J. K. Sundaram & A. Chowdhury (eds.), *Is good governance good for development?* (pp.115-134). London: Bloomsbury Academic.

Hatcher, R. (2012). Leadership, participation and power in the school system. In M. Preedy, N. Bennett, & C. Wise (eds.), *Educational leadership: Context, strategy and collaboration* (pp.269-282). Thousand Oaks, Calif.: SAGE.

Kettle, D. F. (2002). *The transformation of governance: Public administration for twenty-first century America*. Baltimore, MD: The Johns Hopkins University Press.

Klijn, E. (1997). Policy network: An overview. In W. J. M. Kickert, E. Klijn, & J. F. M. Koppenjan (eds.), *Managing complex networks: Strategies for the public sector* (pp.14-34). London: Sage Publications.

Peter, B. G., & Pierre, J. (1998). Governance without government? Rethinking public administration. *Journal of Public Administration Research and Theory, 8*(2), 223-243.

Scott, W. R. (1998). *Organizations: Rational, natural, and open systems*. Upper Saddle River, NJ: Prentice Hall.

Smout, M. (1998). The proper use of governance in international relations. *International Social Science Journal, 155*, 71-97.

Vigoda, E. (2002). From responsiveness to collaboration: Governance, citizens, and the next generation of public administration. *Public Administration Review, 62*(5), 527-540.

Walters, W. (2004). Some critical notes on "governance". *Studies in Political Economy, 73*, 27-46.

Wong, S. (2012). "Wicked social capital" eludes institutional design: How poor mainland Chinese migrants coped with the Far East economic crisis. In A. Daniere, & H. V. Luong (eds.), *The dynamics of social capital and civic engagement in Asia* (pp.182-198). NY: Routledge.

（本文 2016 年曾發表於《教師專業研究期刊》，第 11 期，頁 1-16。原題目名稱為「學校網絡治理的應用與評析」，為方便讀者理解閱讀，故題目將學校網絡治理一詞調整為學校治理，且本文將學校網絡治理與學校治理視為同義詞。）

第九章

從 Giddens 的結構化理論看教育現場的變革動能：「命」與「運」的交織

壹、前言

　　長期以來對於是結構影響個人的行為，還是個人可以改變結構，此問題一直是學術研究所關心的議題，而 Giddens 的結構化理論（structuration theory）正可以解釋此一現象。Giddens 的結構化理論認為結構限制了人的行為，但同時人也可以來改變這個結構，故提出了結構雙重性理論（duality of structure）。進而言之，Giddens 反對結構和行動者是對立的，Giddens 認為結構和個人的互動是存在的，個人不是不可以改變結構，因為社會結構也是人所制定的（許美華，2004）。在教育現場，我們可以發現學校組織以法令規章制約教育人員的行動，維持運作方向與秩序，而教育人員在努力適應組織要求的同時，也不斷嘗試以其智慧能力突破各種約束與限制（李俊達，2015）。樂觀來說，「人之所以為人」的本質是人會呼吸、會思考、會行動，是有生命力的、主動的、能創造歷史的個體（蔡其蓁，2000），但另一方面，悲觀地說人也受到了外在結構的影響與束縛。因此，如何連結人類動能與社會結構乃是人們的基本問題

（Archer, 1982）。

在 Giddens 的結構化理論當中還提到結構化的三元素，包括符碼化（signification）、合法化（legitimation）及支配化（domination）（盧乃桂，2007）。符碼化是行動者以利用解釋架構來進行溝通，合法化是指行動者的行動須遵守特定的權利與義務，也受到規則的約束，至於支配化則牽涉到參與行動的人彼此間權力大小的問題（洪謙德，1996a；許美華，2004）。質言之，Giddens 企圖藉由結構與社會個體行為的關聯性，找出社會發展的一致性規則，在實證應用上，Giddens 稱其為「開啟真相的神奇鑰匙」（magical key）（林廖嘉宏、吳連賞，2014；Giddens, 1982）。此外，依結構化的觀點來看，領導不只是管理者個人的心理特質，還要依賴資源的運用（Whittington, 1992）。準此，教育人員面對學校結構在進行變革時，可靈活運用結構化理論的框架為策略，故本文擬先探討 Giddens 的結構化理論之內涵，其次闡明校長如何應用結構化理論進行學校變革，接著探討校長運用 Giddens 的結構化理論進行變革的困境，之後從結構化理論看教師與學校變革，以及由結構化理論分析體制外的教育改革等面向加以探討，以供學校治理與教育革新之參考。

貳、Giddens 的結構化理論之內涵

結構化理論（structuration theory）是由英國社會學者 Anthony Giddens 所提出，其理論企圖在現象學、符號互動之極端行動和自由意志，與在結構功能主義中的極端結構和缺乏自由意志之間取得平衡，亦即人類的行動與結構無可避免地交互關聯（劉勇志，2012）。換言之，Giddens 打破個人與社會是二元對立（dualism）的看法，代之以結構雙重性，強調行動者與結構是相互依賴的關係（張宏輝，

1992），亦即在主體與客體、意志論與決定論、微觀與宏觀、行動與結構等兩元對立之中，Giddens 提倡結構雙重性（詹景陽、陳淳斌，2004）。

此外，Giddens 認爲結構包含規則（rules）與資源（resources），兩者都是由人的行動所創，規則是一些普遍性的行事程式，是人們奉行的社會生活方式；資源可分爲支配物質的配置性資源（allocative resources）和支配人的權威性資源（authoritative resources）（盧乃桂，2007）。在封建主義的社會中權威性資源扮演重大的角色；反之，在資本主義的社會中配置性的資源顯示特別重要（洪鎌德，1996a）。

基於規則與資源，Giddens 更進一步指出人的社會行動結構化有三個元素，如圖 9-1 所示，分別是符碼化（signification）、合法化（legitimation）及支配化（domination）。符碼化是以語意符碼、解說和推論提出一些概念，以及行動者的釋意；合法化是爲社會裡的人和事提供道德和評價性的規則，以及制裁特定行爲；支配化是透過行使權力來分配資源及鞏固規則（盧乃桂，2007；Schwandt & Szabla, 2013）。申言之，符碼化結構是行動者在互動過程中透過知識能力

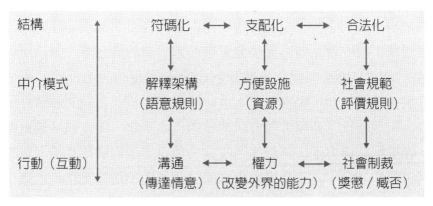

圖 9-1 結構與行動的關聯

資料來源：洪鎌德，1996a：95；許美華，2004：96。

來溝通，支配化結構是涉及行動者透過各種手段來運用資源以達成預訂之目標，至於合法化結構是透過特定權利與義務的規定，成為規範性規則的約束，而這三種結構之間具有密不可分的關係，無法絕對加以完全分割。例如行動者進行意義的溝通時，可能會產生權力的運用並同時涉及外在之制裁，亦即溝通、權力及制裁是相互聯繫的，如同社會結構中的規則與資源之間相聯繫一樣（吳曲輝等譯，1992；許殷宏，1998）。

參、結構化理論的應用研究

　　關於結構化理論的應用研究相當廣泛，Orlikowski（1992）以結構化理論為基礎，發展出科技結構化理論（the structuration theory of technology）來探析科技與組織的互動關係，並指出科技與組織間應有更深層、更多的對話理解。趙雅麗與劉慧娟（1996）曾採取 Giddens 的結構化理論觀點為基礎，指出在資訊傳播科技系統的設計過程中，社會規則與社會資源既促進、同時也限制其設計過程時的抉擇。許英傑、周世偉與黃慧玲（2006）研究指出結構化程序中的解釋性架構、便利手段及規範皆會正向影響加盟者對加盟總部的信任，其中便利手段亦會正向影響加盟者對加盟事業的滿意度。張玲星與林東清（2005）則從結構化理論探討企業資訊化的政治行為，研究發現在意義結構方面，因為資訊人員與使用者對資訊系統的解釋性架構有異，所以強化了使用者對資訊系統的負面印象，使資訊系統更難改變；在支配結構方面，資訊部門成為公司企業流程的核心後，也改變公司資源的分配；在正當性結構方面，公司的不信任文化，加強了資訊系統的控管，也強化了公司內的規範。另外在教育學術研究方面，林郁雯（2002）以 Giddens 的理論為架構，研究發現師生互動是規範

約束、控制辯證、意義共構的歷程，亦即師生的互動歷程包括了道德、權力及意義的元素，師生應合力找出學校中結構與行動的一體兩面性，而師生應加強溝通，了解彼此的期待與處境，才能建立良好的師生關係。賴光祺（2008）探究 Giddens 思想在教育上的推演，研究發現高度現代性社會有不同於以往的制度、動力、後果與特性，生活在高度現代性之下人們有更多自我決定的空間與必要性；在教育上的推演方面，研究中指出權力的運作可以是雙向的，當教育受到不合理權力宰制時，能動者能夠建構反向的或另類的論述及結構來加以對抗，且教育措施的恰當性有必要時時加以檢討。

肆、校長如何應用結構化理論進行學校變革

變革能動者是自身對改革本身以及改革過程具有高度的意識，並有能力改變現狀的人（黃琳、霍秉坤，2016）。顯然地，校長是學校發展的關鍵性人物，更是學校重要的變革能動者，而如果校長能妥善運用結構化理論，則對於改變一所學校及組織興革會更有助益。首先，推動學校教育的變革要先進行教育理念闡述，也就是說理念闡述是必要的，但同時如能靈活運用支配化及合法化，則更能推動變革。舉例而言，校長剛就任到一所學校，發現學校可以推動教師專業學習社群，此時校長可以透過文字發表或於各會議場合不斷闡述學習社群對教師成長的重要性，同時也可藉由會議決議通過實施辦法，以取得合法性及正當性，並且校長也支配所擁有的資源來支援教師專業學習社群的落實，如此符碼化、支配化及合法化三者交互並進、相輔相成，則學校推動此一革新就較能獲得重新的結構，進而影響教師的行為。

符碼化是指概念或意義的闡述，是故校長可透過意義符碼的闡述

來進行解構，惟只有理念陳述可能是不足的，校長可藉由所掌握的各種資源及分配權力，透過會議通過形成規範、規章或法令來引導學校之組織革新。總括說來，校長可妥善運用 Giddens 的結構化理論來實施組織革新。扼要言之，能動者（主體）可運用各種方法與工具（人、理念、設計、資源、語言與符號），試圖改變學校某些現狀，以提升學校發展能量（盧乃桂、何碧愉，2010）。試舉一實例說明分析如下（黃榮村，2014）：某私立大學校長在進行校務改革時，常與校內教師溝通其辦學理念，為使學校加入具競爭性的新血，在取得董事會的同意下推動三年增聘百師計畫，另外為提升教學及研究品質，該校校長在校務會議中提出比舊制標準更為嚴謹的新制教師升等辦法，而同時也提供準備升等教師之人力及經費協助，過程雖有反對意見，最後經由說服及溝通後於校務會議通過新的升等條款。在多方面的努力下改變了一所大學，並使該校在國際及亞洲排名大幅進步（林欣儀，2016；黃榮村，2014）。我們若以結構化理論架構來觀察分析，該校校長在進行校務革新時，先向擁有資源分配權的董事會爭取三年增聘百師以調整生師比，並投入經費改善各系所教學軟硬體設施（支配化），又在校務會議通過可促進教研品質的新升等條款，以建立新規則制度及取得合法性（合法化），同時也給予教師升等的協助和資源（支配化），改革過程中該校校長也不斷陳述治校理念並與教師溝通（符碼化）。概括地說，該校校長積極扮演學校發展的能動者角色，並透過符碼化、支配化及合法化之相輔相成，順利地使得一所大學從結構面上轉型成功。

再舉一企業組織的變革為例，在《誰說大象不會跳舞——葛斯納親撰 IBM 成功關鍵》一書中描述作者 Louis V. Gerstner Jr. 如何帶動 IBM 大企業進行轉型，在授命擔任新執行長上任後即提出自己的管理哲學，並與員工溝通，且將權力重新分配、裁員及組織再造，進一步改變薪酬制度、依單位績效發放紅利給高階主管，實施擁抱

顧客計畫、撤廢管理委員會等一連串革新措施，使得 IBM 於 1993 年
Gerstner 初掌到 2002 年退休時，獲利 80 億美元，員工增加 6 萬 5 千
人（羅耀宗譯，2003）。我們如果以結構化理論來看，私人企業的執
行長擁有更多的支配權力，因此 Gerstner 對於主管安排及薪資結構進
行改革，這是支配結構的有效運用；Gerstner 剛上任時提出根據事實
及重視品質等管理哲學並不忘以電子郵件常與員工雙向溝通，此為符
碼結構的展現；此外，Gerstner 也提出擁抱顧客計畫，甚至廢除擁有
權力的管理委員會等，這是合法結構之規則的重新訂定。顯然地，透
過結構化理論之重要元素的靈活應用，如同大象般的大型企業組織也
可以轉型成功。而中小學校長在進行學校組織變革，也可妥善運用結
構化理論。

　　社會實踐牽涉到行動者的行動，行動的執行有賴權力的作用，故
行動者愈懂得動用權威性或配置的資源，其更能決定社會實踐的走向
與過程（洪鎌德，1996a；詹景陽、陳淳斌，2004）。再回到教育場
域，顯然地校長是學校發展的行動者（agent），在強調學校本位管
理的校園裡，校長是綜理校務的領導者與學校改革的驅動因子，校長
如能針對學校原有之符碼結構、支配結構及規則結構（如圖 9-2），
以及校內外情境進行盤點，之後再進行全面性的結構化及制度領導，
並適切運用權威性及配置性的資源，則較能全面帶動學校革新與發

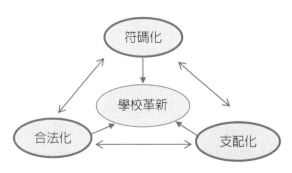

圖 9-2　結構化理論的三元素與學校革新

展。一對一的領導或人治的領導，對於中型或大型的學校組織之變革或轉型效果是有限的，是故藉由靈活運用結構化理論與內涵，可以為學校發展找到適合切入的架構及施力點。

總括而言，筆者認為 Giddens 的結構化理論可以讓校長更能透視學校變革更新的運作方向，然也遇到一些問題，例如中小學校長有責無權、校長行政權的弱化等都值得加以探究，以下進一步探析。

伍、校長運用 Giddens 的結構化理論進行變革的困境

邇來我們常聽到中小學校長一職是有責無權、「赤手空拳」的聲音，是不是真的如此？如果我們以 Giddens 的結構化理論來看，這個聲音應是事實的反映。Giddens 認為行動者在社會中的實踐是改變外在環境，要改變就需要改變或干預的能力，在社會群體內的社會實踐能力就是意味著權力的使用，權力是作為社會系統的支配結構，包括對社會、對人的控制力之權威及對資源的控制力之配置（洪鎌德、胡正光，1996）。具體來說，以 Giddens 所談的支配化來看，其所指的支配化包括分配資源及權威資源，也就是說以現況來看校長是較缺乏這兩種資源的支配，公立學校校長無法給教師實質薪資或獎金發放，也沒有教師聘任權，目前僅有行政主管的聘用人事權，而當多數教師不願兼任行政職務時，校長擁有的僅是靠著教育理念之符碼化來進行組織變革，而柔性的理念與勸導是否能發揮變革，則有待觀察。而當校長缺乏了資源分配的權力，此時要於會議形成規章或通過辦法取得合法性及正當性，則有其難度，特別是涉及到教師的權益或根深蒂固的慣性時。因此，難怪有些校長期待教育主管機關直接行使公文命令

進行改革，或藉由教育評鑑委員的指正，如此校長進行改革才有所依據，否則在有責無權的情況下，校內要訂定通過學校革新措施及辦法，或推動革新，確實會遇到阻力，這正是校長領導及推展校務的難處。也就是說，校長應是學校變革的關鍵能動者（agent），惟結構面向是不利於校長進行學校變革的。再加上教師「本體論的安全感」（ontological security）的日常慣習之定型化及保守性下（洪謙德，1996a；Giddens, 1984），使得學校改革有其困難度。

再來是從 Giddens 結構化理論談校長的權力運用，基本上權力可分為參照權、專家權、法職權、強制權及獎賞權，總的說來，校長的專家權及專業知能之軟實力是相當重要的基礎，因專家權有助於符碼化的運用，並且從樂觀面來說校長可在符碼化結構的基礎途徑上，透過理念溝通及說服展現資源分配之硬實力，藉以形成規則及條文規範，來促使教師行動進行變革。而另一方面從政治性場域所需要的溝通、討價還價、組織及強制等四種能力來看（魏鏞，2004），目前公立中小學校長是較缺少強制力，故可多強化溝通技能及組織力。值得一提的是，教育政策上的資源提供與支持是可以讓校長在結構上獲得更多的支持力量。表 9-1 是綜合前述及相關文獻（李康、李猛譯，2007；張宏輝，1992）的歸納表，從表 9-1 可知符碼化、合法化及支配化的權力觀、方式及互動各有不同，而三者是可以交互運用的。

表 9-1
結構化理論的相關概念

	權力觀	方式	互動
符碼化	專家權	言語概念、知識	溝通
合法化	法職權	規則、法律	制裁
支配化	法職權	人事及經費等資源	權力

陸、從結構化理論看學校的「命」與「運」

　　華人社會常談命運，人的一生是「命運」安排，還是「運命」之可改變，依《新編國語日報辭典》對「命」的解釋是：「宿命論者說貧富貴賤是上天所作的安排，人力無法改變，把這種情形叫命。如『命運』。」（國語日報出版中心，2001）因此，「命運觀」是宿命的，人是被命運所束縛的，而「運命觀」是人可以透過努力及行善積德來改變人的一生，朝向美好的人生來發展。關於宿命觀與結構化理論的探討，葉乃靜（2007）曾以外籍配偶為研究對象，研究發現受訪的外籍配偶相信生活是被命運所控制的，所以比較不會積極地想要改變生活模式，此外外籍配偶正是處在資源、規則和能力的有限框架內，無法突破結構的限制而成為 Giddens 所言的能動者，因此依據研究結果，建議政府制定保障外籍配偶的社會福利政策，鼓勵外籍配偶多結交朋友，並且努力打破現有之無形的結構限制，成為一個獨立的能動者、行動者。

　　準此，我們以結構化理論觀之，人雖被「命」的結構所安排，但樂觀地來說，人也可以透過「運」來改變「命」，是故從結構化理論來看華人社會所談的命運與運命，似乎也可以找到一些合理比擬的解釋。而 Giddens 的結構化理論更能適切提供校長治理學校及變革之合理架構及策略，進一步而言，對許多學校來講，學校結構化的「命」似已長期存在，校長在接掌一所學校時，如果看到這個學校的結構之「命」不佳時，則應努力去透過「運」來改變「命」，而「運」的方向可從結構化理論之符碼化、支配化及合法化來運作。剛開始時要檢視學校既存結構的優缺及所擁有的資源，如果某些既有的結構有助學校發展，就強化既有結構並繼續維持，若有未臻理想之處，則要相信人是有能動性（agency）的。因校長是學校動能的重要來源，故可參

考結構化理論架構設法來「運」這所學校的「命」。

　　質言之，從結構化理論來分析之，在教改浪潮下所形諸的結構制約，校長宜改變自身原有的心智模式，帶領組織成員共同面對挑戰，化身爲變革行動者（陳幸仁，2005）。換句話說，結構是由規則及資源所組成，規則可以改變，資源也可以重新分配，結構因人而存在，也因人而改變（賴光祺，2008），故校長或教育人員應該勇於調整改變並努力創造更美好的教育結構環境，來轉變學校教育朝向更有利於學生學習的方向來發展。進一步而言，在體制結構的限制下，學校領導者應具有創業家精神（entrepreneurship），所謂創業家精神是一種採取創新與進取的行動，掌握創業機會且將資源有效利用，以創造價值的過程（牛涵錚、辛敏綺，2011）。是故在市場化的教育環境下，學校教育人員或校長應具創業家精神，主動積極並採創新作爲，以突破結構的層層限制。我們常說不要認命，而是要造命，如此才能顯現出人類的意志力及生命力。循此，對於不合宜的教育結構，我們應積極創造新結構，所謂英雄造時勢，藉此更能顯示校長及教師精益求精、好上加好及止於至善的教育精神。

柒、從結構化理論看教師如何影響學校變革

　　大體上學校變革的能動者有三層面，第一層是校長，第二層是中階主管，第三層是教師，如果以結構化理論的三元素來看，如前所述，校長在學校結構化下已面臨到諸多困境，故未能擁有較多學校資源及行政職權的第一線教師若想要參與推動學校變革可能會面臨更多的限制與障礙。首先，就支配化的角度來看，未有資源的教師本身就缺少了進行整體學校改革的權力，就合法化方面也較缺少動員的力量與資源，在此情況之下，具體作法是教師擁有的專業理念及教育理想

必須要更爲清楚明確並能吸引人，且能提出革新作法說服校長及中階主管，爭取相關資源，必要時匯集及連結更多有共同理想的教育夥伴以發揮 1 加 1 大於 2 的綜效（蔡進雄，2015），如此由教師啟動之從下而上的學校革新才能更爲順利的進行，否則要靠單一教師力量進行校內革新相對於校長而言是有了較多的侷限。值得一提的是，教師常是教育政策的主體，必然可以發聲、可以批判、可以行動、可以改革，以突破結構束縛，展現主體動能（劉國兆，2015）。如同 Giddens 所提出的控制辯證（dialectic of control），Giddens 認爲所謂控制辯證是指作爲控制之權力的雙向分布性，體現出在既有的權力關係中，權力弱勢的一方如何可以藉助某種操縱資源的方式，對權力強勢方實施控制（李康、李猛譯，2007）。是故在學校權力的分布方面，教師在進行學校變革可能較居於弱勢，但仍可藉助於連結、理念溝通及相關會議之參與，影響學校領導者及各項決策。反之，倘若教師抱持「不在其位，不謀其政」，則學校變革動能是不會由教師身上發出的，故可在尊重行政倫理之原則下抱持「不在其位，共謀學校發展」的建設性態度，發揮微領導的力量（蔡進雄，2016），積極參與學校革新，以造福莘莘學子。

綜上所述，由結構化理論來看教師如何影響學校變革，單一教師要進行校內變革確實比校長受到較多的限制。從鉅觀來看，要由教師的自我改變到社會結構的改變其歷程是緩慢的（黃騰，2008），雖然結構與制度束縛了人，但從另一方面來說，Giddens 也指出社會中的能動者（agent）是具有實踐能力的個別主體，能動者具有認識的能力（knowledgeability）來認識周遭環境，組織知識進行行動及改變外在的世界（胡正光，1998）。個案研究也發現在不穩定的情況下細小的改變最後逐漸擴展演變成巨大的變革之現象（Plowman, Baker, Beck, Kulkarni, Solansky, & Travis, 2007），眾所周知的蝴蝶效應也是在強調細小改變可產生巨大的影響。換言之，人是具有主動性、自主

性、實踐力，以及在控制的辯證下，人是可以創造及改變結構與制度，是故沒有行政職權的教師也可以進行教育革新。概括地說，以結構化理論看教師與教育革新，其努力的方向可歸納為強化教育專業能力及理念之符碼闡述，此乃社會實踐牽涉到行動者的能知愈多，結構改變的機率也就愈大（洪鎌德，1996b；詹景陽、陳淳斌，2004），且可透過教師團體或集結更多志同道合的夥伴，以及向上爭取相關資源，如此將有契機更新結構，邁向更理想的教育環境。誠如許美華（2004）所述，教師的能動性來自於其對自身專業能力的轉化與反省，例如教師可以利用課程發展委員會來使課程更適合自己與學生，教師亦可利用教師專業團體來影響政策的決定。爰此，以下就進一步從結構化理論探析教師團體與教育變革。

捌、從結構化理論探析教師會、教師工會與教育變革

結構化理論除了可探析校長與教師對學校改革的努力方向外，也可以用來探討教師會或教師工會與教育改革的關係。從表 9-2 可知，教師會或教育工會在進行教育革新時，就符碼化為優先之話語型態方面可透過會訊及網頁來傳遞，在支配化為優先之政治及經濟制度方面可透過各項會議及資源分配來進行改革，在合法化為優先之法律制度方面則可訂定契約及進行團體協約。值得一提的是，除了 Giddens 結構化理論外，Archer（1995）所提出的型態生成論（morphogenesis）三階段亦值得教師團體進行教育改革之參考。Archer（1995）認為型態生成包含三個階段，第一階段是結構制約（structural conditioning），即社會結構是存在的，社會行為是受結構所制約；第二階段是社會互動（social interaction），即人們因自覺及互動而修改結構，又因為要使既有制度加以維持，會以獎賞及懲罰

來影響人的行為，而受懲罰的團體會希望改變既有的結構；第三階段
是結構精緻化（structural elaboration），即在各利益團體協調及衝突
後，形成一個新的結構。

表 9-2
結構化理論對制度的分類

制度類型	規則和資源的偏重次序	對應的互動制度
符號秩序／話語型態	符碼化—支配化—合法化	會訊、網頁
政治制度	支配化（權威）—符碼化—合法化	各項會議
經濟制度	支配化（配置）—符碼化—合法化	薪資、相關資源
法律制度	合法化—支配化—符碼化	契約、團體協約

資料來源：修改自戴曉惠，無日期；胡正光，1998：56；Giddens, 1984。

　　質言之，比起單一教師，教師會及教師工會之教師團體在進行教
育革新更具有力量，更能喚起社會大眾的注意。同樣地，教師會或
教師工會也可以靈活運用 Giddens 的結構化理論，經由網頁及理念宣
揚、各項協商會議和訂定契約等方面的努力，以達成所預設的改革目
標。舉例而言，關於中小學的導護工作，教師會宜有其理念及主張
（符碼化），並分析導護工作是否為教師職務的一部分，且透過各項
會議與教育主管機關協調達成共識，訂定相關辦法（合法化）。總括
說來，結構化理論可提供教師團體一個明確可行的革新運作面向，有
助於教師會及教師工會在更新結構及促進教育變革的參考。

玖、從結構化理論分析體制外的教育改革

雖然體制外所發動的教育改革較無法於體制結構內發聲，即便如此，結構化理論之符碼化、支配化及合法化的三個元素，也能提供體制外的教育改革之可行方向。詳言之，體制外的教育革新，在教育理念及改革之教育意義闡述方面，需要能支撐其教育改革，以成為教育改革的重要理論基礎，另外連結具有同樣理念的夥伴可發揮更大的力量，進而影響擁有權力及資源之決策者，促使重新分配資源與調整規則及法令。

值得提醒的是，改革與現有機制結構兩者之間是矛盾又統一的關係，兩者的共生才是一個健全社會所要求。機制結構代表秩序與保持現狀，可用來保存及積累社會及文化資產，而改革代表流動與變化，是社會調整其能量以維持日日常新狀態的管道（藍雲、陳世佳譯，2009）。此外，有穩定的機制結構，也才能保存改革所帶來的變化（藍雲、陳世佳譯，2009）。扼要言之，以結構化理論來觀察體制外的教育改革，必須先要有可促進教育發展或有助學生學習的教育理念為基石，同時透過各種方式影響體制內擁有權力者的想法，並努力改變規則與法令，以達成所預設的教育改革目標。再者，體制外的教育改革者亦宜體認有了穩定的結構及制度，才能保存並實踐教育革新帶來的改變。

拾、學校革新結構化理論模式的建構

參酌前述相關理論（洪謙德，1996a；Giddens, 1984），筆者提出學校變革結構化理論模式，如圖 9-3 所示，學校變革是一種干預或影響學校教育的動作，透過這些活動或動作，試圖影響學校教育的結

構，也試圖努力影響教育人員的行動或動能。由於在學校革新之前學校已既存舊的結構化內涵，包括規則及資源所衍生的符碼化、支配化及合法化結構。再進一步來說，學校變革的干預活動或動作，可能來自校內，也可能來自校外的教育政策，來影響結構及觸發教育人員的動能，而在結構與行動兩者交互作用下，影響了學校變革所帶來的變革效能。

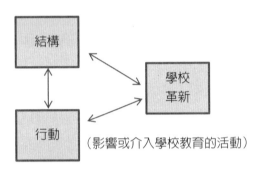

圖 9-3　學校革新結構化理論模式的建構

　　總括說來，以學校革新結構化理論模式來看，任何教育興革並非一蹴可及，涉及教育價值信念、資源配置、教育人員的權利義務、教育法規、權力大小等結構因素，也與教育人員之認知、釋意、專業能力、態度、主動性、能動性等息息相關。當學校革新能在時空環境下克服種種困難順利推展後，又再次地沉澱定型成另一新的結構，限制或影響著教育人員的行為，就這樣一直不斷循環著，如果沒有這樣循環著，教育就容易成為一灘死水，因而阻礙著教育的進步發展與各領域人才的培育。

拾壹、結語

　　學校教育通過符碼化（如義務教育、師資培育、教育公平、教育理念等）、合法化（如立法、頒布行政命令、規定等）和支配化（如檢查、督導、評鑑、資源分配等機制）的鞏固過程，順利地將結構及制度扎根於教育現場（盧乃桂，2007）。而學校結構化限制教育人員的行為，另一方面教育人員也是在社會系統中具有「能知能力」（knowledgeability）以決定其行為（張玲星、林東清，2005；Giddens, 1984），故教育人員也可以回過頭來改變結構、創新結構，結構與行動兩者彼此互動影響著，並使教育生生不息。雖然也有學者認為 Giddens 的結構化理論對於能動者的論述概念較弱、社會限制面的評估不足、傾向與既得利益者妥協、理論過於龐大、把結構等同規則與資源過於空泛、規則種類繁多不易概括化，以及行動者並非只運用規則和資源，有可能會設計一套策略來化解規則與資源等（林廖嘉宏、吳連賞，2014；胡正光，1998；洪鎌德，1996b；賴光祺，2008；Clegg, Courpasson & Phillips, 2006），但這些批評並不影響結構化理論在各領域的應用與探究（吳家賢，2006；林郁雯，2002；Bryant & Jary, eds., 1997; Cassell, ed., 1993; Englund & Gerdin, 2014; Fuchs, 2002; Gregson, 1986; Orlikowski, 1992; Tubin, 2015; Veliquette, 2012; Whittington, 1992）。

　　學校變革能動者包括所有正式與非正式領導，而他們在不同職務及時空上擔任不同的領導角色（黃琳、霍秉坤，2016）。依結構化理論，學校的成功是很多行動者（actors）隨著時空不間斷及多元行動的結果（Tubin, 2015），是故人人都可以是教育的領航員。學校變革之校內能動者包括校長、行政人員與教師等，甚至於學生都可以是能動者，因此結構化理論可提供校長及教育人員在進行學校變革轉型及

制度領導的參考，特別是結構化的三個元素之符碼化、合法化及支配化，相當具有參考之價值。再者，人如視為完全被結構之決定論所影響，則將無法說明人潛能的開展性和超越性（陳伯璋，1990），如同諾貝爾文學獎得主 Isaac Bashevis Singer 被問到是否相信自由意志或者命運決定論時，他如此回答：「我們必須相信自由意志；我們別無選擇。」（林金榜譯，2003）因此教育人員若抱持自由意志論時，就是偏向「英雄造時勢」的積極態度，這是我們教育人員對於改變不佳的教育結構環境的正向樂觀的選擇。

人的一生是「命運」安排，還是「運命」之可改變，我們以結構化理論來看，人雖被命運的外在「結構」所安排，但樂觀地來說，人也是可以透過「運」來改變「命」的。從結構化理論來看華人社會文化談的「命運」或「運命」，似乎也可找到合理易懂之類比解釋。

總而言之，誠如 Giddens 所指的結構裡含有行動，行動中也產生結構（洪鎌德，1996a，1996b）。循此，學校結構的「命」與透過人為的「運」兩者是交織、互動循環的，如此能使教育生命在結構、解構與再結構中永續創新發展，而俾利於學生學習與成長。而本文也不斷地一再強調教育人員是可以透過符碼化、支配化及合法化來施力以促使學校變革，並深信不管是學校校長或是教師均可以成為教育變革的能動者。至於是行動者可改變結構的成分比率大，亦或結構影響限制行動者的成分比較多，實在不易說出個精確數量或比重，就端視於行動者之內在動機、內控動能多寡及外控結構情境而定。

參考文獻

中文文獻

牛涵錚、辛敏綺（2011）。創新與創業精神研究之回顧與發展。**創新與管理，8**(4)，33-62。

吳曲輝等譯（1992）。**社會學理論的結構**。Jonathan H. Turner 原著。臺北市：桂冠。（原著出版於 1986 年）

吳家賢（2006）。以科技結構化模式探討企業資源規劃導入個案。**致遠資管學刊，1**，55-72。

李俊達（2015）。從結構化理論看教師專業成長團隊。**臺灣教育評論月刊，4**(4)，105-108。

李康、李猛譯（2007）。**社會的構成：結構化理論大綱**。Anthony Giddens 原著。新北市：左岸。（原著出版於 1984 年）

林欣儀（2016 年 8 月 16 日）。世界大學學術排名出爐：中醫大挺進全球 200 大。**中國時報，A4**。

林金榜譯（2003）。**策略巡禮：管理大師明茲伯格的策略全書**。Henry Mintzberg, Bruce Ahlstrand, Joseph Lampel 原著。臺北市：商周。（原著出版於 1998 年）

林郁雯（2002）。**Anthony Giddens 結構行動論及其在教育上的啟示**（未出版之碩士論文）。國立臺灣師範大學，臺北市。

林廖嘉宏、吳連賞（2014）。高雄港市的發展與衝突——新草衙更新與紅毛港遷村的結構化分析。**環境與世界，30**，59-95。

洪鎌德（1996a）。紀登士的結構兼行動理論之析評。**美歐月刊，11**(11)，85-105。

洪鎌德（1996b）。紀登士社會學理論之述評。**臺灣社會學刊，20**，163-210。

洪鎌德、胡正光（1996）。從結構—行動理論看唯物史觀。**哲學與文化，23**(12)，2263-2277。

胡正光（1998）。**紀登士（Anthony Giddens）**。臺北市：生智。

國語日報出版中心主編（2001）。**新編國語日報辭典**。臺北市：國語日報。

張宏輝（1992）。結構化論的旗手——季登斯。載於葉啟政主編，**當代社會思想巨擘：當代社會思想家**（頁 270-299）。臺北市：正中。

張玲星、林東清（2005）。從多重理論觀點詮釋企業資訊化中的政治行為。**資訊管理學報**，**12**(4)，185-210。

許美華（2004）。從「結構行動理論」看教學中師生的能動性。**國民教育研究集刊**，**12**，91-103。

許英傑、周世偉、黃慧玲（2006）。加盟體系關係品質與組織間公民行為之研究——結構化觀點。**產業管理評論**，**1**(1)，94-112。

許殷宏（1998）。紀登斯（A. Giddens）結構化理論對教育社會學研究的啟示。**教育研究集刊**，**40**，93-112。

陳伯璋（1990）。**教育研究方法的新取向**。臺北市：南宏。

陳幸仁（2005）。從全球化教改風潮論校長的因應策略：Giddens「結構─行動」理論之觀點。**教育政策論壇**，**8**(2)，143-174。

黃琳、霍秉坤（2016）。變革能動者在學校持續改進中之角色。**課程與教學季刊**，**19**(1)，135-170。

黃榮村（2014）。**大學的教養與反叛**。新北市：印刻文學。

黃騰（2008）。A. Giddens 自反現代性對師資培育課程研究之啟發。**教育研究集刊**，**54**(1)，87-116。

葉乃靜（2007）。結構與資訊行為：臺灣越南配偶研究。**圖書資訊學研究**，**2**(1)，81-96。

詹景陽、陳淳斌（2004）。安東尼・紀登士「結構─行動理論」之研究：兼論全球化與第三條路的關係。**國立嘉義大學通識學報**，**2**，181-200。

趙雅麗、劉慧娟（1996）。資訊傳播科技系統設計：一個結構化理論為主的建構模式。**新聞學研究**，**53**，231-250。

劉勇志（2012）。變或不變？使用對立式結構化觀點解釋組織變革的過程和結果——以資訊系統的推動為案例。**中山管理評論**，**20**(2)，477-531。

劉國兆（2015）。教師專業身分形構：批判的教育社會學分析與研究。**教師專業研究期刊**，**10**，33-55。

蔡其蓁（2000）。Giroux 後現代主義教育理論之啟示。**教育社會通訊**，**20**，20-25。

蔡進雄（2011）。教師領導的理論、實踐與省思。**中等教育**，**62**(2)，8-19。

蔡進雄（2015）。教育連結理論的建構與發展。**臺灣教育評論月刊**，**4**(9)，78-82。

蔡進雄（2016）。論學校微領導時代的來臨。**臺灣教育評論月刊**，**5**(6)，146-149。

盧乃桂（2007）。**能動者的思索──學校改進協作模式的再造與更新**。取自：
Http://web2.fg.tp.edu.tw/~slwang/blog/wp-content/uploads/2011/03/%E5%AD
%B8%E6%A0%A1%E6%94%B9%E9%80%B2%E5%8D%94%E4%BD%9C%
E6%A8%A1%E5%BC%8F%E7%9A%84%E5%86%8D%E9%80%A0%E8%8
8%87%E6%9B%B4%E6%96%B0%E7%9B%A7%E4%B9%83%E6%A1%82
%EF%BC%8C2009.pdf

盧乃桂、何碧愉（2010）。能動者工作的延續力：學校改進的啟動與更新。**教
育學報，38**(2)，1-39。

賴光祺（2008）。**高度現代性之下的主體構成──紀登斯（Anthony Giddens）
思想在教育上的推演**（未出版之博士論文）。國立政治大學，臺北市。

戴曉惠（無日期）。**廠場勞資關係中勞資互動過程之研究**。取自：https://www.
google.com.tw/?gws_rd=ssl#q=%E5%A0%B4%E5%8B%9E%E8%B3%87%E
9%97%9C%E4%BF%82%E4%B8%AD%E5%8B%9E%E8%B3%87

藍雲、陳世佳譯（2009）。**教學的勇氣──探索教師生命的內在視界**。Parker J.
Palmer 原著。臺北市：心理。（原著出版於 1998 年）

魏鏞（2004）。**魏鏞教授的最後三堂課**。臺北市：天下遠見。

羅耀宗譯（2003）。**誰說大象不會跳舞──葛斯納親撰 IBM 成功關鍵**。Louis V.
Gerstner Jr. 原著。臺北市：時報。（原著出版於 2002 年）

英文文獻

Archer, M. S. (1982). Morphogenesis versus structuration: On combining structure
and action. *British Journal of Sociology, 33*(4), 455-483.

Archer, M. S. (1995). *Realist social theory: The morphogenetic approach*.
Cambridge; New Yory: Cambridge University Press.

Barth, R. S. (2001). *Learning by heart*. San Francisco, CA: Jossey-Bass.

Bryant, Christopher G. A., & Jary, D. (eds.) (1997). *Anthony Giddens: Critical
assessments*. New York: Routledge.

Cassell, P. (ed.). (1993). *The Giddens reader*. Basingstoke: Macmillan.

Clegg, S., Courpasson, D., & Phillips, N. (2006). *Power and organizations*.
London: Sage.

Craib, I. (1992). *Anthony Giddens*. London: Routledge and Kegan Paul.

Englund, H., & Gerdin, J. (2014). Structuration theory in accounting research:

Applications and applicability. *Critical Perspectives on Accounting, 25*(2), 162-180.

Fuchs, C. (2002). Some implications of Anthony Giddens' works for a theory of social self-organization. *Emergence, 4*(3), 7-35.

Giddens, A. (1982). *Profiles and critiques in social theory.* Berkeley, CA: University of California Press.

Giddens, A. (1984). *The constitution of society.* Cambridge: Policy Press.

Giroux, H. (1988). *Teachers as intellectuals: Toward a critical pedagogy of learning.* Hadley, MA: Bergin & Garvey.

Gregson, N. (1986). On duality and dualism: The case of structuration and time geography. *Progress in Human Geography, 10*(2), 184-205.

Harris, A. (2003). Teacher leadership and school improvement. In A. Harris et al. (2003), *Effective leadership for school improvement* (pp.72-83). London: Routledge Falmer.

Orlikowski, W. J. (1992). The duality of technology: Rethinking the concept of technology in organizations. *Organization Science, 3*(3), 398-427.

Plowman, D. A., Baker, L. T., Beck,T. E., Kulkarni, M., Solansky, S. T., & Travis, D. V. (2007). Radical change accidentally: The emergence and amplification of small change. *Academy of Management Journal, 50*(3), 515-543.

Schwandt, D. R., & Szabla, D. B. (2013). Structuration theories and complex adaptive social systems: Inroads to describing human interaction dynamics. *Emergence: Complexity & Organization, 15*(4), 1-20.

Tubin, D. (2015). School success as a process of structuration. *Educational Administration Quarterly, 51*(4), 640-674.

Veliquette, A. J. (2012). Structuration theory's relevance to HRD: A review and application. *Human Resource Development Review, 12*(2), 200-220.

Whittington, R. (1992). Putting Giddens into action: Social systems and managerial agency. *Journal of Management Studies, 29*(6), 693-712.

York-Barr, J., & Duke, K. (2004). What do we know about teacher leadership? Finding from two decades of scholarship. *Review of Educational Research, 74*(3), 255-316.

（本文 2018 年曾發表於《教師專業研究期刊》，第 15 期，頁 1-19。）

第十章
校長的牌局：規則、技術與資本

壹、緒論

一、研究背景與目的

　　校長影響一所學校發展甚鉅，是以校長領導研究已成爲教育行政重要的顯學。古典的校長領導理論研究大都是著重於個人及組織內部之特質論、行爲論、權變論等來探討校長領導行爲，特質論研究校長最佳的特質，行爲論探究關懷行爲與倡導行爲雙層面的組合，權變論主張情境的重要性（蔡進雄，2009），但此權變論的情境仍是以組織內領導者與成員關係、領導者職位權力大小及任務結構認定之（羅虞村，1999；Fiedler, 1967），而非組織外在結構情境，即便是新興的轉型領導（transformational leadership）所強調的建立願景、魅力影響、激勵鼓舞、啟發才智及個別關懷等構面（蔡進雄，2000；Bass & Avolio, 1990），也都是侷限在學校組織內部的領導行爲範疇，缺乏了社會結構外部的理解與參照。然而沒有鉅觀視角的教育領導，就不知道如何有效實踐微觀的教育領導，而易陷入「人在廬山中但不知廬山眞面目」之視野困境，是以校長領導探究宜跳脫微觀並具有對內外結構之反身性思考，如此才能讓領導校務發展更爲清明。事實上，考量制度環境及個人所處環境，才能看透中小學校長的應然與實然。

　　基於前述，Bourdieu 的場域（field）概念提供一個理解社會世界

的架構，亦即每一個場域都有其自己的邏輯與規則（高譜鎮，2002；Bourdieu, 1990）。Bourdieu 進一步以撲克牌作為類比，來說明個體的實踐邏輯，不同參與者在開始時，被分派到不同組合的牌，這些牌意指不同的資本，而影響一個牌局場域的三個要素，分別是遊戲規則、個人技術及手上資本（何瑞珠，2010；Bourdieu, 1990）。引申而言，如果想要打贏一場牌局，端賴參與者對所參與牌局類型的遊戲規則之熟悉，並了解手上擁有的牌之好壞情形（資源及資本），且透過高超技術將被分發的牌加以靈活運用。循此，本文擬以撲克牌局為隱喻，從遊戲規則、個人技術及手上資本等三方面來探析國內公立中小學校長的領導牌局，藉此從更大結構的框架面向及宏觀視野來研究校長領導，以提供中小學校長領導與治校之參考。

具體而言，本研究從遊戲牌局之隱喻探究公立中小學校長如何在當今教育場域結構下進行學校領導，更確切地說，本研究之主要研究目的為從規則、技術與資本三面向來探討校長領導及校務治理，則公立中小學校長需要努力的方向為何？也就是說，在當前教育場域結構下，公立中小學校長如何進行領導才能促進學校發展？

二、重要名詞解釋

（一）校長的牌局

隱喻（metaphor）係指從某一類型的事物類推到另一類型的事物，本研究是藉由遊戲牌局隱喻來類推探討在教育場域下的校長領導作為。

（二）規則、技術與資本

規則係指遊戲規則，遊戲規則比喻泛指為校長所處的體制規則，包括相關教育法規的規定；技術是指個人技術，個人技術比喻泛指為

校長的專業能力、人格特質、心理素質、策略運用等個人能力及條件；資本是指手上資本（被分到的牌），手上資本比喻泛指爲校長擁有的人事權、經費分配、師資、學校內外在環境等有形及無形的資源。

三、研究範圍

　　本研究主要研究範圍是藉由決定牌局勝負的三要素，即遊戲規則、個人技術及手上的牌來類推探討公立中小學校長領導作爲。本研究校長牌局隱喻是從 Bourdieu 的場域概念而獲得並加以藉用轉化，而 Bourdieu 主張的文化再製並不在本研究的範疇，故扼要言之，本研究的主要範圍爲校長牌局場域的規則、技術與資本。

貳、文獻探討

　　爲建立本研究之理論基礎，以下從隱喻的意涵及功能、場域概念的內涵、從牌局場域的隱喻探析校長領導、良善的體制規則需要政策面向的努力、在牌局場域下校長的反身性思考等面向加以闡述。

一、隱喻的意涵及功能

　　隱喻（metaphor）係指由一類型事物類推至另一類型事物（黃乃熒，2000）。關於隱喻在使用時所發揮的功能主要如下：(1) 在語言中加入隱喻，往往活化創造力及趣味性；(2) 隱喻常提供對問題全新的看法，具有重新定義（reframing）的功能；(3) 隱喻若經過適當地建構及安排，比直接勸說有效；(4) 對於不善於表達者，運用隱喻是很好的變通之道；(5) 隱喻常反映出一個人的思考方式及觀看世界的方式；(6) 有些隱喻可以直接影響潛意識及態度（林香君，1995；邱

珍琬，2003；許韶玲，1998；黃乃熒，2000；蔡進雄，2007，2009；
Morgan, 1986）。由上述可見，隱喻有多方面的功能，在學校隱喻方
面，Steinhoff 和 Owens（1989）以 18 所小學爲研究對象，研究顯示
有三分之一的受試者視學校爲家庭，有三分之一的受試者視學校爲機
器。Bredeson（1988）認爲最好的學校類比是萬花筒。蔡進雄（2007）
曾以公立國民中學教務主任爲研究對象，研究結果總共蒐集到 25 個
國民中學學校隱喻，其中園地及家庭是最常用的隱喻。

　　教育領導研究挑戰的並不是去找到完美的隱喻，而是透過隱喻
尋找對學校之組織、運作及行政的理解（Bredeson, 1988）。蔡進雄
（2007）也指出隱喻是一種強而有力的語言表達方式，能影響個人看
待事物的態度。因此，本研究以牌局爲隱喻，類推至公立中小學校長
領導，以不同的面向，探詢對公立中小學校長領導的理解。以下接著
進一步闡述場域概念及從牌局場域的隱喻探討校長領導等相關內容。

二、場域概念的內涵

　　由於本研究牌局的譬喻是從 Bourdieu 的場域概念所引申而得，
故先闡述場域概念之內涵如下：場域是 Bourdieu 探討行動主體與結
構關係的工具，對於 Bourdieu 而言，場域乃是由各種社會地位和職
務所建構出來的空間（高譜鎮，2002）。換言之，場域乃源自社會空
間的概念，Bourdieu 以社會空間來指涉社會世界的整體概念，另外場
域如同市場一樣，進行著多重特殊資本競爭（高譜鎮，2002）。扼要
言之，場域是一個受到結構的社會空間，是一個力場，也是一個鬥爭
場，在這個小世界裡，每個人運用他所擁有的力量和其他人競爭（林
志明譯，2016），亦即場域爲行動者動用資源、爭取利益及展開鬥
爭的所在（沈游振，2003）。

　　Bourdieu 用場域概念來理解這個社會世界時，經常用遊戲來做類
比性的解釋，將一個場域比作一種遊戲（高譜鎮，2002；孫智綺譯，

2002）。Bourdieu 的場域概念不僅是解釋文藝創作、學校教育及學術研究等具體知識場域中文化資本運作的核心概念，它也是把握其他場域的一般結構特徵的鑰匙（徐賁，2002）。Bourdieu 曾以牌局做隱喻，認為影響一個牌局的三個要素，分別是遊戲規則、個人技術及手上資本（何瑞珠，2010；Bourdieu, 1990），透過此一隱喻讓人們很快地能掌握場域的核心概念。

　　循此，本研究主要是藉用及轉化上述規則、技術及資本等三個概念來探討校長領導。規則比喻泛指為體制規則及結構環境，如《教師法》、《教育基本法》及《國民教育法施行細則》等賦予校長的權責；技術比喻泛指為校長個人專業及各項條件、能力，如校長課程領導能力、心理素質及策略運用等；資本比喻泛指為校長領導時所擁有的資源及資本，如校長的經費資源及人事分配資源等。

三、從牌局場域的隱喻探析校長領導

　　如前所述，影響一個牌局勝負的三個要素，分別是遊戲規則、個人技術與手上資本（何瑞珠，2010；Bourdieu, 1990），藉此概念筆者進一步繪製如圖 10-1 所示。

圖 10-1　校長的牌局：規則、技術與資本

　　如圖 10-1 所示，場域是一個競爭的社會空間（李猛、李康譯，2008），Bourdieu 認為社會生活本身即是一種持續的地位鬥爭，而每

個場域乃成為衝突的地方，由於場域中每一個行動主體都具有特定的分量與權力，因此場域也是一種權力的分配場（高譜鎮，2002；楊茜評，2009；Bourdieu & Wacquant, 1998）。換言之，場域是一種權力的關係，涉及各類資本的競爭（陳珊華，2006）。職此之故，倘若校長想要在這個競爭場域或權力場域能夠獲勝或有所表現，首先必得熟悉體制的遊戲規則，包括各種法規賦予的正式權力，以及教師和家長在體制法規下的權利義務，甚至也要了解學校組織生態環境的轉變。而從學校權力鉅觀制度變遷的發展邏輯來看，國內國民中小學學校權力結構已有了重大轉折，從行政專權期、改革鬆綁期轉變為多元互動期（陳文彥，2010），亦即由行政威權時代，走過紛亂的鬆綁年代，及至目前的學校網絡治理或學校治理模式（蔡進雄，2016），因此公立中小學校長應體認校長的法職權內涵有了重大的改變（許籐繼，2001）。

其次，校長要了解在這個牌局下，個人的牌是好牌還是壞牌，亦即個人手上的資本及資源。若從擁有資源的角度觀之，國內公立中小學校長在正式體制下不論是人事權或經費，校長所能分配的資源是相當有限的，所以有時也需要引入外部資源，來豐富學校課程發展及促進學生學習。此外，由於在正式體制下之公立中小學校長有責權小，且教師缺乏嚴謹的考核機制，以及教育組織效能不易速成的特性，爰此校長在進行變革時，宜採漸進式的教育變革模式，特別是來自內部自發性的變革。再者，除了人事及經費資源外，學校的教師及校園環境也是校長的另一種資源，故可採創業家之隨創精神（bricolage），在資源環境限制下，就地取材、就近利用並資源重組（蔡進雄，2018a；Baker & Nelson, 2005）。

第三是個人的技術，筆者認為不管任何牌局，個人的打牌技術仍是居於關鍵因素，會打牌者可以在熟悉遊戲規則下把一副壞牌打成好牌。是以校長平時應不斷培養精進自己的專業能力及提升規則下的技

術能力，即便是有責權小及資源有限的中小學校園組織環境下，校長仍可有一番作爲。如同諾貝爾文學獎得主 Isaac Bashevis Singer 被問到是否相信自由意志或者命運決定論時，他如此回答：「我們必須相信自由意志；我們別無選擇。」（林金榜譯，2003）故教育人員若抱持自由意志論時，就是偏向「英雄造時勢」的積極態度，這也是教育人員對於改變不佳的教育結構環境的正向樂觀的選擇（蔡進雄，2018b）。顯然地，個人技術仍是校長牌局的關鍵因子，即使是拿到不好的牌（比喻經營條件不佳的學校），透過校長的高專業素養及正確態度及能力，仍有勝算的機會。

總括說來，牌局場域之遊戲規則、個人技術及手上資本三要素的隱喻，可以清楚洞悉校長領導所處之整體結構特徵，以及與外在結構的互動關係，牌局遊戲的隱喻可說是打開國內公立中小學校長領導之大結構視野探析的一把神奇鑰匙。

四、良善的體制規則需要政策面向的努力

前述從牌局場域的隱喻探討中小學校長領導，而值得再加以闡明的是，體制規則的改善往往需要政策的努力，以建構更爲良善的教育結構環境，因爲有些教育問題是結構的問題，不是校長的問題，而有些教育問題是校長的問題，不是結構的問題，前者如中小學教師普遍不願意兼任行政工作，這是結構的問題，後者如一所學校校內學生生活管理失序，此爲校長的問題。顯然地，教育行政主管機關應從法規及政策面向，爲教育人員擬定更爲良善的制度，使學校教育能朝向更爲美好的理想目標邁進。另一方面，校長當然也可以發揮集體影響力，透過校長團體組織提出需要改善的體制規則與建議，讓教育行政主管機關得以適時修正或調整。

如果進一步盤點影響校長領導的體制環境，就鉅觀來看，整體社會環境、文化價值及教育政策等都會影響學校教育發展與校長領導。

舉例而言，家長教育價值觀、公立中小學校長遴選制度、教育人員薪資結構、教育法令規章、師資培育型態、經濟發展及政治動向等均可能影響中小學校長領導與學校發展，此乃學校或校長領導不能脫離於外在社會脈絡及教育政策，而若僅以單一校長之力來改變結構，力量略顯薄弱，是以良善的體制規則亟需教育政策面向的努力。

五、在牌局場域下校長的反身性思考

　　傳統的校長領導理論大都是從特質論、行為論、權變論等來探討校長個人的領導行為，而近年來各類型的校長領導模式可說是百花齊放，令人應接不暇，但均缺乏了社會結構的參照，就易陷入如前言所述「人在廬山中但不知廬山真面目」之視野困境，爰此，校長對教育場域結構應具有反身性之思考。

　　所謂反身性是指行動者有意識地面對這個世界，亦即反身性促使我們正視自身的限制，但並不是接受限制，而是認識限制，了解這些限制的歷史文化根源，並找到不必然如此的可能性（黃厚銘，2002）。更確切地說，學校內外結構對於校長領導有了不同的限制與障礙，而以反身性思考的角度來看，作為教育領導人在了解這些內外部結構的限制之後，應努力找到突破框架與限制的可能性，以促進學校效能並使教育更為美好。因此，校長專業培訓不僅要培養校長個人的專業能力來帶領學校發展，更需要培養校長有反身性思考來掃描內部及外部的結構限制，並找到突破這個限制的可能性。也就是說，校長在這個教育場域牌局下，應了解及熟知體制下的遊戲規則，以及手上擁有各項資本的多寡，並妥善靈活運用這些既有資源，藉此來突破校務經營與發展的困境，顯然地這也是校長領導智慧的展現。

　　總括說來，校長宜具有反身性思考，能洞悉結構的限制並突破結構的限制，同時也能體認個人及學校是鑲嵌於（embedded in）社會結構之中（羅家德，2001；Granovetter, 1985），無法真空地生活。

而透過牌局所建構出場域的隱喻，我們可進一步了解熟稔遊戲規則的重要性，並體認到校長之專家素養、個人條件及能力在教育場域是愈來愈顯重要，因為即便是資源不足的情況下，透過校長個人的能動性及專業素養，仍然有機會將一所學校帶領起來。許多卓越校長就是藉由其能力及努力而讓一所逐漸沒落的學校「起死回生」，發展成為特色學校而利於學生學習與成長。

六、小結

　　每一個場域，都有其自己的邏輯（邱天助，1998），故人生有人生的牌局，校長有校長的牌局。倘若想要贏一場牌局，參與者必須熟悉遊戲規則，並透過高超技術靈活運用手上的牌，而不管被分給的牌是好或壞，都能用心認真地打出屬於自己最好的結果，這是一種人生態度，也是中小學校長面對具挑戰的教育場域所應有的領導信念與哲學。扼要言之，為創造校長的成功牌局，則校長必須能認清規則、活用資本及增強技術。另一方面，教育體系的遊戲規則往往需要政策的努力，以建構更為良善的教育環境。

　　隱喻是被使用來詮釋事實（reality）（Lunenburg & Ornstein, 2004），而藉由隱喻可尋找對學校之組織、運作及行政的理解（Bredeson, 1988）。因此本研究以牌局為隱喻，類推至校長領導，藉由牌局的語言表達方式，從另一個面向解析校長在場域結構下的努力方向。最後，本研究將依據研究結果提出具體建議，以提供給為教育努力奮戰的國內中小學校長一些參考，並在當今教育場域邏輯下對於領導學校能找到更好的施力點。

參、研究設計與實施

　　焦點團體訪談可以藉由團體動力蒐集關於特定研究議題的多元意見，而個別深度訪談則可以透過一對一訪談更深度了解個別學者專家對某一研究議題的看法，因此，本研究除了文獻探討外，還進行 2 場焦點團體訪談，以及 19 次個別訪談，總計有 25 人次參與受訪，參與學者專家的資料編碼如表 10-1 所示，「焦訪談 001-1-A」代表參與第一場焦點團體訪談的第一位受訪之學者專家，「焦訪談 002-1-B」表示參與第一場焦點團體訪談之第二位受訪者，「焦訪談 001-2-A」代表參與第二場焦點團體訪談的第一位受訪之學者專家，以此類推；「個訪談 001-A」係指接受個別訪談的第一位學者專家，以此類推。

　　為讓參與之學者專家了解本研究之內涵及目的，在每次訪談前，研究者都先向受訪者闡明校長的牌局之隱喻，以及規則、技術及資本的意涵，之後再請參與者針對訪談大綱發表其寶貴意見。本研究訪談的說明如下：隱喻（metaphor）係指由一類型事物類推至另一類型事物，本研究藉由遊戲牌局隱喻來探討在教育場域下的校長領導作為。遊戲規則比喻泛指為校長所處的體制規則，包括相關教育法規的規定；個人技術比喻泛指為校長的專業能力、人格特質、心理素質、策略運用等個人能力及條件；手上資本比喻泛指為校長擁有的人事權、經費分配、師資、學校內外在環境等有形及無形的資源。訪談大綱依前揭說明設計以下五個題目：

　　1.對於以牌局作為隱喻探討國內公立中小學校長領導作為，請問您的看法為何？

　　2.從規則、技術與資本三面向來探討校長領導及校務治理，您覺得公立中小學校長需要努力的方向為何？

　　3.在目前的體制規則下，請問有哪些體制規則或政策需要調整或

修正，以俾利於公立中小學校長進行校務發展？

　　4.在當前教育場域結構下，請問您對於如何進行校長領導的看法為何？

　　5.其他關於本研究探討的寶貴意見為何？

表 10-1

參與者編號、擔任職務及專長

參與訪談者代號	擔任職務	專長
焦訪談 001-1-A	新北市國民小學校長	學校行政
焦訪談 002-1-B	新北市國民小學校長	學校行政
焦訪談 003-1-C	臺北市國民小學校長	學校行政
焦訪談 001-2-A	新北市高級中學校長	學校行政
焦訪談 002-2-B	臺北市國民小學校長	學校行政
焦訪談 003-2-C	新北市國民小學校長	學校行政
個訪談 001-A	國立臺灣海洋大學副教授	教育行政、教育社會學
個訪談 002-B	國家教育研究院助理研究員	教育社會學
個訪談 003-C	國家教育研究院助理研究員	教育政策分析
個訪談 004-D	新北市國民小學主任	學校行政
個訪談 005-E	國家教育研究院副研究員	教育社會學、課程教學
個訪談 006-F	國家教育研究院助理研究員	政策分析
個訪談 007-G	新北市國民中學退休教師	教學實務
個訪談 008-H	國立臺東大學教授	師資培育、教育社會學
個訪談 009-I	基隆市國民小學候用校長	學校行政
個訪談 010-J	新北市完全中學退休校長	學校行政
個訪談 011-K	銘傳大學助理教授	教育行政
個訪談 012-L	國立臺灣師範大學教授	教育行政、學校行政
個訪談 013-M	臺北市立大學教授	組織領導
個訪談 014-N	臺北市立大學教授	教育行政

參與訪談者代號	擔任職務	專長
個訪談 015-O	臺北市立大學教授	教育行政
個訪談 016-P	輔仁大學副教授	學校行政、班級經營
個訪談 017-Q	新北市高級中學退休校長	學校行政
個訪談 018-R	臺北市國民小學校長	學校行政
個訪談 019-S	新北市國民小學退休校長／中華民國中小學校長協會榮譽理事長	學校行政

肆、研究結果分析與討論

　　藉由焦點團體訪談及個別訪談，接著本研究針對訪談內容進行彙整歸納分析並討論如下：

一、以牌局為比喻可作為理解校長領導作為的後設分析架構

　　如文獻探討所述，在語言中加入隱喻，往往能活化創造力及增加趣味性，並可提供對問題全新的看法，故本研究以牌局為隱喻探討公立中小學校長領導作為，大多數的受訪者均認同並贊許這個校長牌局的比喻能貼切校長實務現況，例如受訪編號焦訪談 001-1-A 的國小校長指出：「用牌局我覺得蠻有趣」，個訪談 002-B 之學者專家表示：「這是一個很好的分析架構」，個訪談 003-C 之學者專家也認為：「這個比喻蠻不錯」，個訪談 017-Q 的受訪校長也同樣認為：「這個比喻也不錯」，另有專家學者亦指出：「校長的牌局是有趣的問題」（個訪談 001-A）。焦訪談 001-2-A 的高中校長指出：「其實它真的是一個很好的概念，牌局的概念。」有一位參與焦點團體訪談之受訪國小校長陳述：

我看到這個非常的驚喜。因為臺灣還沒有人做過說把校長，
在校長博弈理論的那一個想法裡，是一個校長的牌局。（焦
訪談 003-2-C）

　　此外，個訪談 007-G 的受訪教師表示：「牌局是很有趣的，在
教育界是很新鮮的比喻。」個訪談 009-I 的國小候用校長也說：「我
覺得這個比喻很貼切，對於教育實務工作者來講，這樣比喻能反映現
況。」個訪談 013-M 的專家學者亦懇切地說：「這個比喻很好，好
在一句話點出目前校長的處境。」個訪談 014-N 的專家學者指出：
「這是有意思的題目。」有受訪者直陳指出：「對中小學校長的啟示
在於先了解所處場域，在這場域的規則、技術及資本如何？後設能力
很重要。最重要的是最上層的後設分析能力。」（個訪談 016-P）
　　綜合上述可知，諸多受訪者均認為校長牌局的隱喻很有趣，是很
不錯的比喻，且規則、技術與資本分析能反映出當前國內公立中小學
校長所處的教育場域環境，並能提供校長領導之後設分析架構，以增
進對整體結構的洞察力而使校長領導更加清明。

二、校長應了解及嫻熟規則並體認體制現況

　　校長領導鑲嵌於體制結構之下（羅家德，2001；Granovetter,
1985），是以體制規則影響著校長的領導作為，而關於教育場域的
規則，有些是不能踩的紅線規則，有些規則是可以妥善加以運用。誠
如受訪編號焦訪談 001-1-A 的校長指出：「我是覺得我們在校務經營
上，當然規則上有一些是紅線的部分，有一些規則是可討論的了，像
有些行政命令，所以我們怎麼運用規則，當然也會去思考。規則，有
時候會變成是一種，有時候當然是上面規範著你，有時候是拿來應用
的這樣。」受訪編號 008-H 的專家學者認為：「法律沒規定，也是
可以做，法律有彈性，這是校長可以努力的方向。」受訪編號 011-K

的專家學者也表示：「規則是彈性的，校長操作好，可以運用如預期。」個訪談 010-J 之退休完全中學校長則建議校長要嫻熟規則，才能善用行政裁量權；個訪談 018-R 的國小校長認為校長是可以改變校內規則的，分述如下：

> 要善用行政裁量權，有些是屬於自己的，所以嫻熟規則，才能操作自如，因為嫻熟規則，才能當機立斷，當機不斷，反受其害。（個訪談 010-J）

> 在什麼時機改變規則是很重要的，特別是校內規則，校長是可以改變的，但校長要把規則搞清楚，法律千萬條，要用自己喬，所有法律都有例外原則。（個訪談 018-R）

再者，個訪談 006-F、011-K、014-N 及 015-O 之專家學者也對校長應體認規則現況，有以下的提醒：

> 要了解民主化的時代，整體價值體系是趨於多元化，權力結構也會隨之分散，校長對領導的內涵可能需要是結構性的調整。以服務代替領導，解決問題代替傳統的領導統御。（個訪談 006-F）

> 規則有潛規則，如人際互動，與局長、家長的關係。（個訪談 011-K）

> 規則與資本兩者緊密關聯，資本有些是規則給的，如經費、人事權、考核權。（個訪談 014-N）

> 規則要改不容易，因規則已訂了，除非對學生學習有傷害，才容易改法令規則。（個訪談 014-N）

> 有些是沒有規則的規則，也是會產生影響力，也有潛在的規則。是一種 protocal，是廣義的規則。（個訪談 015-O）

綜言之，擔任校長者應嫻熟相關法規，才能妥善運用法規及行使行政裁量權，而校長亦宜具反身性思考，了解結構並突破結構的限制（黃厚銘，2002）。例如國內公立中小學校長應體認校長領導已轉變為多元互動及網絡治理模式（陳文彥，2010；蔡進雄，2016），而因著教育場域的特徵，採取更為適切的校務治理及領導方式。故在訪談中也有受訪者表示因是民主化的時代，校長要以服務、問題解決代替由上而下的領導統御。

三、體制規則上宜支持校長並鼓勵教師向上

關於體制規則上可調整或修正的法規方面，例如教育現場處理不適任教師，教育行政機關就應該給予校長支持，否則校長在體制下很難進行除弊任務。個訪談 004-D 的國民小學主任愷切表示：

> 規則牽涉校長的職權，規則應該賦予校長更大的職權，不要落入委曲求全、赤手空拳、有責無權。資源方面，應該給予校長人事權，譬如代課老師的任用，主任任用採外加方式。（個訪談 004-D）

另外，焦訪談 002-1-B 的國小校長則認為體制上宜鼓勵教師向上：「如果說有什麼我可以調整，我覺得整個政府很多的一個制度，也許它沒有在鼓勵國小的老師能夠有機會，就是說在向上的一個過程

中給更多的一個福利，像我們這樣退休制度要把它改成你有當主管跟
沒當主管的退休是一樣的。」此外由於目前教師沒有分級制，教師的
專業生涯發展較不明確，教育政策訂定上可多鼓勵教師向上，是以個
訪談 002-B 及個訪談 005-E 之學者專家就提出以下觀點：

> 體制方面，在教師聘任方面，校長沒有太大權責，教師團體
> 力量又很大，教師獎懲也不彰，所以可建立結合教師評鑑的
> 教師分級制度。（個訪談 002-B）

> 政策要給象徵資本及經濟資本，讓校長好進行課程領導，例
> 如擔任課發會委員的老師要有一定資歷或減課。（個訪談
> 005-E）

關於體制規則方面，個訪談 009-I 的國小候用校長表示校長可以
透過校長會議向上反映加以改善：

> 我覺得規則有時候要有一點彈性，可透過校長會議向局處反
> 映，之後再反映給中央，例如校務評鑑經反映已改善很多，
> 已採線上評鑑或減少。（個訪談 009-I）

四、增強校長的專業技術能力及心理素質

影響牌局勝負的要素爲遊戲規則、個人技術及手上資本（何瑞
珠，2010；Bourdieu, 1990），藉此校長牌局的隱喻，中小學校長應
加強個人技術，因爲「個人技術就是有本事」（個訪談 016-P）。個
訪談 002-B、個訪談 003-C、個訪談 004-D、個訪談 007-H、個訪談
017-Q、焦訪談 001-2-A 之受訪者均對校長應具備專業技術能力有如

下的表示：

以規則、技術及資本來看，還是要重視技術，因為有這個東西，才有辦法來領導，沒有這個會被覺得是空的。（個訪談002-C）

因應新課綱，應加強校長課程領導。（個訪談 002-C）

關於辦學成效是什麼的關係，是技術？資本？還是規則的關係？窮及不足的情況，可以用技術來彌補。（個訪談003-C）

校長應以專業領導，有專業領導及辦學方向，老師才會尊重信服，家長及社區資源就會願意配合。（個訪談 004-D）

要從校長的專業能力下手，你有專業，牌才會打得好，專業能力可透過學習培訓獲得更專精。牌技好，策略運用就好。（個訪談 007-G）

校長的牌不好，怎麼樣把不好的牌打好，因此要善用技術，這些技術可以擴充資本，用技術來擴充資本。（個訪談 017-Q）

那個就是我們所謂的專家權。對，其實專家權是重要的，真的是很重要的。（焦訪談 001-2-A）

個別訪談編號 008-H 的受訪者表示：「如以郭台銘企業來看，規則、資本及技術都大，但我認為校長只有技術，資本有限，規則是

既定,限制多,能操作有限。」但 008-H 受訪者進一步指出:「即使資源小,法規能變動的少,只要做一點點改變,如 1.01 乘 1.01,乘 100 次,就會產生巨大改變。」個訪談 009-I 的國小候用校長、個訪談 010-K 之完全中學退休校長,與個訪談 011-K 的學者專家及個訪談 018-R 的國小校長也分別陳述如下:

> 我的看法是經營學校,校長要有技術,資源資本、校內預算是固定,但靠技術可以爭取資源。規則與資本是固定,可是技術可以是人為。(個訪談 009-I)

> 技術純青,逆順不驚。校長赤手空拳來,但內功要夠,不是為攻擊別人,是為了學生有效學習。(個訪談 010-J)

> 技術可自我進修、再修行。(個訪談 011-K)

> 這三個東西要相互結合,才能相得益彰,基本上要專業能力,資本可以透過個人能力去爭取,能力愈強,資本愈多,如能力強的校長會爭取很多社會資源,個人技術才是最重要的。(個訪談 014-N)

> 技術可以精湛,長期跟著優秀的校長可以提升做判斷的能力,技術透過學習訓練可以愈加精湛。(個訪談 018-R)

基於上述訪談內容可知,不論是校長手上資源如何,以及體制規則如何訂定,在校長的牌局場域下,校長的專業知能仍是居於關鍵因素,且每天可以做一點點成長改變,長期下來就會產生巨大的影響。進一步來說,校長個人技術愈好、能力強,愈能爭取更多的社會資

源，再者跟隨優秀的師傅校長也是專業發展的另一個有效途徑。此外，由於在國內擔任中小學校長大都經過嚴謹的職前培訓，具有一定的校長教育專業知能，但校長除了教育專業能力外，心理素質的培養也是不可忽略，此乃校長在治校牌局下面對不同的利害關係人，包括學校教師及眾多家長等，個人的抗壓性及情緒管理也是必須注意的課題。因此個訪談 005-E 之學者認為：「校長領導是一個實踐智慧的東西，不是線性的東西，不是 step by step。」焦訪談 003-1-C 的校長則指出專業知識大家都具備，校長心理素質才是重要：「因為坦白講能考上校長，你說學術的知識、行政經驗其實都很豐富，但是我真的覺得其實最大的就是校長心理素質跟整個特質這一塊。」個訪談 012-L 的學者專家也認為心理素質最重要，並提醒拿到不好的牌要更冷靜：「我覺得心理素質最重要，爛牌要少輸為贏，任何牌局心理素質最重要，拿到不好的牌要更冷靜。」個訪談 013-M 的學者專家亦表示：「在技術方面，可增加校長的抗壓性。」

綜觀上述可知，在校長的牌局下，體制規則及資本資源常是固定的，變動性不會很大，唯一可以自我改變的就是個人專業技術的提升，且透過個人精湛的技術及專業能力更能爭取資源、創造資源並活用規則。而研究也發現學歷高、有就讀校長培育班、校長年資深且有連任的校長，較能展現出主要關鍵領導特質（陳清義，2015）。總結說來，精湛的技術及高超的專業能力可說是校長牌局決勝的主要關鍵因子，例如課程領導、個人能力、教育專業、實踐智慧及心理素質等。

五、校長應妥善運用爭取各項資源並將不利資源轉變成有利的資源

在教育場域牌局下，校長應掌握各項資源（手上的牌）並加以運用，且能將不利的資源轉變為有利的資源。誠如個訪談 003-C 的學者

指出：「Bourdieu 的資本意義在於轉化，其實校長的資本要轉化，才有意義。」關於校長的資本，個訪談 001-A 的學者也認為：「要從剛開始不確定轉成有利。」個訪談 005-E 亦表示：「場域運作邏輯，在場域中資本是可以轉化，轉化成讓自己有利的部分，了解哪些資本是有力量的。」個訪談 005-E 受訪者更進一步陳述：「看透整個場域的邏輯，了解資本的轉化。」個訪談 015-O 的學者專家認為：「我拿什麼牌，就要用什麼策略。」個訪談 006-F 的受訪者也建議校長：「善用現場資深的教育工作者，形成典範效果。」個訪談 008-H 的學者專家亦認為：「校長的三個 dimension，校長爭取資源，還是有影響的，寫計畫要錢，資源也會影響學校。」個訪談 011-K 的學者專家陳述擔任校長者：「可向長官爭取資源。」，另一位受訪國小校長也認為：「優秀的校長有辦法創造資本，募得到款項，教育局給予只是有限的資源，所以要擴大資本如爭取家長、老師、社區的支持。」（個訪談 018-R）。個訪談 017-Q 的退休高中校長指出資本不好可運用策略，以及具有創業家精神的校長最後能逆轉勝：

> 也有校長在資源豐沛的地方能經營很好，在資源不豐沛的地方就無法經營。資源不好，牌先天就不好，可是會運用策略，會逆轉勝，有些學校快關門，但有創業家精神的校長最後會逆轉勝。（個訪談 017-Q）

有受訪學者認為規則、技術與資本三者有交集複雜性，如個人技術弱，可以資本來補足，三國劉備就是最好的例子，劉備技術能力不佳，但會善用人力資源，仍然可以有所作為。

> 規則、技術、資本這三個都正向？還是負向？三者有交集複雜性，善於利用三個元素加以改變，把負向降低，把正向的

提升往好的方向。個人技術弱，可用資本來補，如三國的劉備技術不好，但會善用人力資本。這三者是可以互動的，如可用資本來支援技術的不足，用資本影響教師。（個訪談016-P）

　　質言之，在學校的場域及校長的這場牌局當中，學校資本或資源包含公部門及非公部門的給予或爭取，此外無形的文化資本也會產生各學校場域之間的落差，對於校長牌局可能有著潛在影響。具體說來，校長在領導一所學校應盤點在這所學校所能運用的各項資本與資源，即便接任條件不佳或資源不足的學校，也能透過個人能力將所擁有的資源加以靈活運用，轉化成為學校發展的有利資源，甚至還可以透過知人善任之人力資源運用，來彌補個人專業技術能力的不足。

六、校長宜了解校務運作脈絡及利害關係人並建立信任關係

　　焦訪談 002-1-B 的國小校長認為在經營一所學校剛開始要能掌握整個牌局：「掌控，一開始就能夠掌控整個牌局，是重要的。」焦訪談 00-1-A 的受訪校長表示了解學校脈絡的重要性：「有些規則上，當然有些你學到別人的規則，但就是你拿去學校用也不一定用的成功，你還是要了解那個學校的環境脈絡，歷史脈絡。」個訪談 016-P 也認為：「場域也要注意，如人地合宜也是重要因素。」有一受訪之國小退休校長亦懇切表示：「牌局是一種博奕，博奕理論還有機會及運氣成分，機會及運氣是可以設計，在於對這個環境的認識，才可以設計機會與運氣。校長要有高度、廣度及深度，有高度就不計輸贏，反而能處之泰然，不會自亂陣腳，廣度是你的格局，廣泛思維，深度就是內涵，有做了哪些研究，了解有多少，做了哪些功課。」（個訪談 019-S）

　　遊戲牌局都有競爭的對手，焦訪談 003-1-C 表示遊戲牌局裡都有其對手，對手是與校長互動並能影響校務運作的利害關係人：「就牌局這個觀點，所以還是覺得說因為你每一個牌局對手其實有可能都會替換的。所以我還是覺得說這個對手，比如說我在想如果說在定義部分，可以講說是學校的校務運作的利害關係人。」個訪談 005-E、007-H、011-K、016-P 及焦訪談 003-2-C 的受訪者對校長應了解主任、教師、家長及與其溝通互動也有如下的陳述：

> 當校長在打牌時，老師也在打牌，一個人打無法成局，不是一個人在打牌，校長也會承受政策、家長的壓力。（個訪談 005-E）

> 人有 habitus，人本來就希望被認同。唯有知道不同人的 habitus，才能對症下藥，了解老師的習性（habitus），如求安全、在意家長、在意哪些東西。一個場域的問題，怎麼互動的，habitus 放進入來，才能看到生態的東西，是有機的、生態的。（個訪談 005-E）

> 在這個場域下，校長要把主任的心收服，主任要收服老師的心。（個訪談 007-G）

> 規則有潛規則，如人際互動，與局長、家長的關係。（個訪談 011-K）

> 所以校長如何在牌局裡面活下來，或者打贏這一場牌。那他涉及到溝通互動以及了解對方，一定要了解對方。（焦訪談 003-2-C）

　　Bourdieu 將場域比喻成一場遊戲，而參與者彼此間在遊戲當中激烈的對立（孫智綺譯，2002），是以校長身處於學校教育場域裡，面對諸多教育利害關係人，雖然不像牌局的對手處於對立狀態，但也應了解參與教育場域牌局中影響校務運作的利害關係人或團體，例如學校教師、學生家長、教師團體、家長團體等對校務發展的相關意見或態度，並積極與教育利害關係人互動，因為單靠校長一人是無法成局的。

　　另外，個訪談 013-M 的學者專家則提醒校長與同仁信任關係的重要性，信任關係愈低，對方防衛性會愈強：

> 整個學校的信任關係會影響這個場域，這關係著規則的透明
> 度，以及校長與同仁的信任度要建立起來，信任度愈低，對
> 方防守性會愈強。（個訪談 013-M）

　　有趣的是，焦訪談 002-2-B 的受訪國小校長提出玩牌大家應該要很快樂的思維：

> 其實像我們校長我們都希望說，我自己設定一個目標。不一
> 定說就是贏，我就希望玩牌的人都很快樂，大家都有成長或
> 者說提升大家的技術。（焦訪談 002-2-B）

　　綜上所述可知，中小學校長宜了解學校情境脈絡並洞悉影響校務運作中利害關係人的想法，並進一步建立信任關係，這是校長牌局所應面對的課題，亦即努力建立校長與各利害關係人的信任關係，可以降低在此場域中彼此權力競爭的可能負面影響。

伍、結論與建議

　　Bourdieu 的場域概念不僅是解釋文藝創作、學校教育及學術研究等具體知識場域中文化資本運作的核心概念，它也是把握其他場域的一般結構特徵的鑰匙（徐賁，2002）。因此本研究透過文獻探討、焦點團體訪談及個別訪談，獲得以下研究結論：一、以牌局為比喻可作為理解校長領導作為的分析架構；二、校長應了解規則的紅線及體制規則現況；三、體制規則上宜支持校長並鼓勵教師向上；四、增強校長的專業能力及心理素質；五、校長應妥善運用各項資源並將不利資源轉變成有利的資源；六、校長宜了解影響校務運作的利害關係人並建立信任關係。基於前述研究結論，本研究進一步提出以下具體建議，以供公立中小學校長及教育行政主管機關之參考：

一、校長可將校長牌局視為一種後設分析架構並培養反身性思考

　　由於牌局勝負的三要素包含規則、技術及資本，能貼切地反映出當前公立國民中小學校長面對教育場域的狀態，是一個頗為適切的分析架構，且由於多數人都有參與遊戲牌局的經驗，故牌局的隱喻也能增添分析及溝通的趣味性，這也是隱喻之語言表達所發揮的功能。因此建議校長可將校長牌局視為一種教育場域的有趣後設分析架構，且進一步對結構具有反身性思考及整體結構洞察力，並從中獲得領導及治校的啟發。

二、校長應熟悉體制規則且政策上應建構良善的教育體制環境

　　影響牌局勝負的因素是規則、技術及資本，審時度勢，故在教育場域的體制規則下，校長應先認識了解相關法規賦予校長的正式權責。另一方面，諸多教育結構問題，更要仰賴教育政策及教育行政主

管機關適時修法或建構良善的教育體制，以讓中小學校長及教育人員能在完善的教育體制規則下，致力於學校教育發展，例如可訂定鼓勵教師向上的教師分級制度並給予校長應有的職權。

三、校長宜增強個人專業素養及心理素質，並採漸進變革方式治理校務

　　不管牌局有多爛，透過個人精湛的技術及沉著態度仍有贏的機會，也就是說，不是牌好不好的問題，而是該要如何打才會贏的問題。校長技術是牌局輸贏的關鍵因子，爰此，建議校長平時多增強自己的教育專業素養，例如透過進修研習、參與專業學習社群或向師傅校長請益學習等，此外應多磨練提升自己的心理素質，例如挫折容忍力及情緒管理。更確切地說，在教育的場域中校長應培養專業能力及成熟的心理素質，即便在體制規則有多麼不利於校長領導的情況下，校長亦應以教育專業及健康成熟之態度，來正向影響教師、家長及學生等各教育利害關係人。此外，由於公立中小學校長的權力及資源有限，故建議校長領導宜採漸進方式，亦即國內公立中小學校長若採巨大變革，可能沒有足夠的權力及資源來支撐校長進行重大改變。

四、校長宜轉化手上各項資源並創造價值

　　依 Bourdieu 的見解，資本要轉化才有意義，因此即使目前公立中小學校長所擁有的資源並不算多，但仍建議校長可將現有資源加以活化、轉化，例如校園內外的各項教育資源均可加以盤點利用。由於教育行政主管機關給予的經費資源有限，必要時校長還要去募款爭取資源。此外校長可藉由知人善任，懂得運用組織行政人力及師資資源，一方面可彌補校長個人能力的不足，一方面可透過善用各種人力資源促進學校教育發展。具體說來，建議公立中小學校長不僅要善加利用所擁有的各種資源或爭取擴大資源，有了資源後更要進一步加以轉化並創造價值，以裨益於校務發展及學生學習。

五、校長應了解學校脈絡場域及教育利害關係人並建立信任關係

學校是一開放系統的組織及具情境脈絡，故校長宜洞悉學校歷史脈絡，且教育領導人勢必面對多元的教育利害關係人，因此應了解這些利害關係人的想法與價值，並努力建立彼此的信任關係，以降低在校長的競爭牌局中不必要的負面現象，例如因猜疑使彼此過度的防衛。

六、校長宜體認在教育場域下規則、技術及資本三者應相互結合

在教育場域下，體制規則、個人技術及手上資本三者是相互關聯、相得益彰的，體制規則給予校長資本，規則也可能會影響校長技術的發揮，而藉由校長精湛的技術亦可活化資源及規則。此外規則、技術及資本三者在某些教育場域可能存在互補的情況，例如可透過資本的妥善運用來彌補個人專業技術的不足。在了解規則、技術及資本三者可能的互動關係後，校長宜盤點所處教育場域之規則、技術與資本，並尋找最佳施力點來為學校教育創造更大的價值。

參考文獻

中文文獻

何瑞珠（2010）。**家庭學校與社區協作：從理念研究到實踐**。香港：香港中文大學出版。

李猛、李康譯（2008）。**布赫迪厄社會學面面觀**。P. Bourdieu 與 L. Wacquant 原著。臺北市：麥田。

沈游振（2003）。論布迪厄的傑出階級與反思社會學。**哲學與文化**，**30**(11)，93-119。

林志明譯（2016）。**布赫迪厄論電視**。臺北市：麥田。

林金榜譯（2003）。**策略巡禮：管理大師明茲伯格的策略全書**。Henry Mintzberg, Bruce Ahlstrand, Joseph Lampel 原著。臺北市：商周。

林香君（1995）。隱喻創造性的治療技術（下）。**諮商與輔導，117**，25-28。

邱天助（1998）。**布爾迪厄的文化再製理論**。臺北市：桂冠。

邱珍琬（2003）。隱喻在諮商中的運用。**輔導季刊，39**(1)，74-76。

孫智綺譯（2002）。**布赫迪厄社會學的第一課**。Patrice Bonnewitz 原著。臺北市：麥田。

徐賁（2002）。布迪厄論知識場域和知識分子。**二十一世紀雙月刊，70**，75-81。

高譜鎮（2002）。《布赫迪厄論電視》（Sur la television）：一個透過「場域」概念的解讀。**網路社會學通訊期刊，24**。取自 http://mail.nhu.edu.tw/~society/e-j/24/24-05.htm

許韶玲（1998）。領導者對團體成員隱喻溝通的認識與處理。**諮商與輔導，149**，25-28。

許籐繼（2001）。**學校組織權力重建**。臺北市：五南。

陳文彥（2010）。學校權力結構鉅觀制度變遷之研究。**屏東教育大學學報——教育類，35**，125-154。

陳珊華（2006）。P. Bourdieu：強調文化再製的批判取向社會學者。載於姜添輝等作，**教育社會學：人物與思想**（頁 367-394）。臺北市：高等教育。

陳清義（2015）。**國民小學校長育選關鍵領導特質之研究**（未出版之博士論文）。臺北市立大學，臺北市。

黃乃熒（2000）。**後現代教育行政哲學**。臺北市：師大書苑。

黃厚銘（2002）。導讀皮耶·布赫迪厄與反身社會學（reflexive sociology）。載於孫智綺譯，**布赫迪厄社會學的第一課**（頁 191-218）。Patrice Bonnewitz 原著。臺北市：麥田。

楊茜評（2009）。Bourdieu 的文化再製意涵與其在學校教育上的啟示。**北縣教育，66**，44-48。

蔡進雄（2000）。**轉型領導與學校效能**。臺北市：師大書苑。

蔡進雄（2007）。學校是什麼？國民中學學校隱喻之研究。**教育研究月刊，160**，129-137。

蔡進雄（2009）。從隱喻論學校經營領導典範的轉變。**教師之友，50**，53-60。

蔡進雄（2016）。學校網絡治理的應用與評析。**教師專業研究期刊，11**，1-16。

蔡進雄（2018a）。中小學學校特色發展之隨創理論初探性研究。**市北教育學刊，60**，83-107。

蔡進雄（2018b）。從 Giddens 的結構化理論看教育現場的變革動能：「命」與「運」的交織。**教師專業研究期刊，15**，1-19。

羅家德（2001）。人際關係連帶、信任與關係金融：以鑲嵌性觀點研究台灣民間借貸。載於張維安主編，**台灣的企業組織結構與競爭力**（頁 223-261）。臺北市：聯經。

羅虞村（1999）。**領導理論研究**。臺北市：文景。

英文文獻

Baker, T., & Nelson, R. E. (2005). Creating something from nothing: Resource construction through entrepreneurial bricolage. *Administrative Science Quarterly, 50*, 329-366.

Bass, B. M., & Avolio, B. J. (1990). *Transformational leadership development: Manual for the multifactor leadership questionnaire.* Palo Alto, CA: Consulting Psychologists Press.

Bourdieu, P. (1980/1990). *The logic of practice.* Standford, CA: Standford University Press.

Bourdieu, P., & Wacqaunt, L. J. D. (1998). *An invitation to reflexive sociology.* Chicago: University of Chicago Press.

Bredeson, P. V. (1988). Perspectives on schools: Metaphors and management in education. *Journal of Educational Administration, 26*(3), 293-310.

Fiedler, F. E. (1967). *A theory of leadership effectiveness.* New York: McGraw-Hill.

Granovetter, M. (1985). Economic action and social structure: The problem of embedded. *American Journal of Sociology, 91*(3), 481-510.

Lunenburg, F. C., & & Ornstein, A. C. (2004). *Educational administration: Concepts and practices* (4th ed.). Belmont, CA: Wadsworth.

Morgan, G. (1986). *Images of organization.* Beverly Hills, CA: Sage Publications.

Steinhoff, C. R., & Owens, R. G. (1989). The organizational culture assessment inventory: A metaphorical analysis in education settings. *Journal of Educational Administration, 27*(3), 17-23.

（本文 2019 年曾發表於《教育政策與管理》，第 6 期，頁 73-98。）

國家圖書館出版品預行編目資料

教育領導新視角：微觀、中觀與鉅觀／蔡進雄
著. ――初版.――臺北市：五南圖書出版
股份有限公司, 2024.01
　　面；　公分
　　ISBN 978-626-366-839-3（平裝）

　1.CST: 學校行政　2.CST: 學校管理
　3.CST: 領導　4.CST: 文集

527.07　　　　　　　　　　112020494

4I7B

教育領導新視角
微觀、中觀與鉅觀

作　　　者 ― 蔡進雄

發 行 人 ― 楊榮川

總 經 理 ― 楊士清

總 編 輯 ― 楊秀麗

副總編輯 ― 黃文瓊

責任編輯 ― 黃淑真、李敏華

封面設計 ― 姚孝慈

出 版 者 ― 五南圖書出版股份有限公司

地　　　址：106臺北市大安區和平東路二段339號4樓

電　　　話：(02)2705-5066　　傳　　真：(02)2706-6100

網　　　址：https://www.wunan.com.tw

電子郵件：wunan@wunan.com.tw

劃撥帳號：01068953

戶　　　名：五南圖書出版股份有限公司

法律顧問　林勝安律師

出版日期　2024年1月初版一刷

定　　　價　新臺幣380元

※版權所有‧欲利用本書內容，必須徵求本公司同意※